体育场馆管理概论

TIYU CHANGGUAN GUANLI GAILUN

林燕如◎著

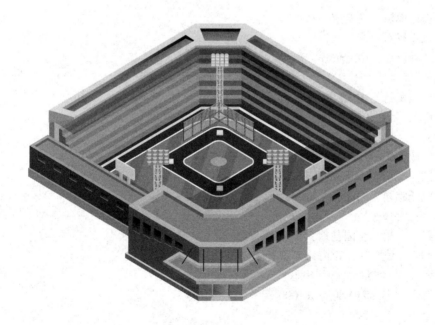

中国广播影视出版社

图书在版编目（ＣＩＰ）数据

体育场馆管理概论 / 林燕如著 . -- 北京：中
国广播影视出版社，2022. 8
ISBN 978-7-5043-8864-3

Ⅰ . ①体… Ⅱ . ①林… Ⅲ . ①体育场—经营管理②体
育馆—经营管理 Ⅳ . ①G818

中国版本图书馆 CIP 数据核字（2022）第 105032 号

体育场馆管理概论
林燕如　著

责任编辑　　任逸超　马　腾
责任校对　　龚　晨
装帧设计　　中北传媒

出版发行　中国广播影视出版社
电　　话　010-86093580　010-86093583
社　　址　北京市西城区真武庙二条 9 号
邮政编码　100045
网　　址　www.crtp.com.cn
电子邮箱　crtp8@sina.com

经　　销　全国各地新华书店
印　　刷　廊坊市海涛印刷有限公司

开　　本　710 毫米 ×1000 毫米　　1/16
字　　数　209（千）字
印　　张　16. 5
版　　次　2023 年 8 月第 1 版　　2023 年 8 月第 1 次印刷

书　　号　978-7-5043-8864-3
定　　价　80. 00 元

前　言

　　2014 年，国务院印发了《关于加快发展体育产业促进体育消费的若干意见》，明确创新体育场馆运营机制，积极推进场馆管理体制改革和运营机制创新，增强大型体育场馆复合经营能力。一年之后，国家体育总局印发《体育场馆运营管理办法》，目的是规范体育场馆运营管理，充分发挥体育场馆的体育服务功能，更好满足人民群众开展体育活动的需求，促进体育产业和体育事业协调发展。2016 年 6 月，中共中央国务院印发了《"健康中国 2030" 规划纲要》，其中明确指出到 2030 年，基本建成县乡村三级公共体育设施网络，人均体育场地面积各不低于 2.3 平方米，在城镇社区实现 15 分钟健身圈全覆盖。根据国家统计局统计，2017 年，国家体育场馆服务行业总产出与增加值分别为 1338.5 亿元与 678.2 亿元。到 2030 年，我国体育场地数量有望突破287. 50 万个，体育场地面积有望达到 31.97 亿平方米。

　　体育场馆管理作为一门新兴学科，以体育场馆为研究对象，通过对体育场馆管理的认识，有利于高效率地对体育场馆资源进行整合和利用，加快体育场馆行业的快速发展，满足人民日益增长的体育健身需求，使其成为我国国民经济的新的增长点。

　　但必须清醒地认识到，目前，我国体育场馆行业管理仍然存在一些问题：比如运行机制不通畅、影响资源效益发挥、经营管理人才缺乏，场馆利用率不高、群众体育消费意识淡薄和运营手段极其落后等，硬件设施仍然与国外的体育场馆存在着差距。基于此，本书针对体育场馆管理中涉及到的问题，精心挑选体育场馆管理内容，旨在提高体育场馆管理效率。

本书共分为十四章。第一章介绍了体育场馆管理类型及运行模式；第二章阐述了体育场馆员工管理，涉及员工的招聘和管理；第三章介绍了体育场馆的财务管理，包括营业收入管理、费用开支管理和固定资产管理等；第四章阐述了体育场馆质量管理基本内容和质量标准设计工作等。第五章介绍了体育场馆管理的概述、特点、内容和要求；第六章阐述了体育场馆风险管理的程序、问题及策略；第七章介绍了体育场馆的设施设备管理的设置、维护、管理和保养等；第八章介绍了体育场馆的票务管理；第九章阐述了体育场馆的信息化管理、信息化规划和信息化项目管理等；第十章介绍了体育场馆的安全管理，包括社会治安管理、消防安全管理和卫生安全管理等；第十一章阐述了体育场馆环境管理，包括卫生管理和绿化管理等；第十二章阐述了体育场馆的开发管理。

在本书撰写期间，借鉴和参考了大量的文献资料，在此向这些作者表示最真挚的谢意！由于自身能力水平有限，本书的内容难免会有一些错误，恳请广大同仁和读者给予批评指正。

2022 年 4 月 15 日

目 录

第一章　体育场馆管理概述

第一节　体育场馆概述

一、体育场馆的含义

体育场馆是为了满足体育教学、训练、比赛和娱乐等需求而专门建设和设计的体育运动场所的总称。简单来说，体育场馆是举行体育比赛的建筑物、建筑物或场所，它由一个部分或全部被分层结构包围的场地或舞台组成，观众可以站立或坐着观看比赛。

二、体育场馆类型

由于体育场馆功能和作用不尽相同，种类较多，对体育场馆的划分标准也并不相同。本书从使用性质、使用用途、占地面积和赛事等级等方面，对体育场馆类型进行划分。

1. 从使用性质方面对体育场馆进行类型划分，主要包括体育比赛场馆、体育教学训练场馆和体育健身娱乐场馆等。

（1）体育比赛场馆

体育比赛场馆是根据国际奥委会和世界各单项体育协会对场地和器材的要求建设，主要功能用于体育比赛用途，看台较大，辅助设施齐全。

（2）体育教学训练场馆

体育教学训练场馆是根据国家体育教学需要和标准而建设，通常用于体育教学和训练，场地设施和器材非常完善，看台数量较少，这种体育场馆一般不作为体育比赛用途，只满足体育教学和训练需求。

（3）体育健身娱乐场馆

体育健身娱乐场馆是根据国家国民健身的需要而建设，主要用途是群众休闲娱乐健身，此类体育场馆内一般包括健身场馆、体测中心和康复中心等。

2. 从使用用途方面对体育场馆进行类型划分，其主要包括专用性体育场馆和综合性体育场馆。

（1）专用性体育场馆

专用性体育场馆是指为了满足某种体育运动项目而建设的。比如，北京水立方体育场馆，是专门为游泳运动而设计的专用性体育场馆。此类场馆为游泳运动的游泳和跳水等项目而专门设计，水温、水质和处理都有一套科学完善的设备，以保障游泳运动比赛的顺利进行。由于其体育运动项目的特殊性，专用性体育场馆只能用于该运动项目。比如，美国和日本的棒球场，场地只能用于棒球比赛使用，其他体育运动项目难以顺利开展；自行车专用性体育场馆对地形有一定的要求，有倾斜角度，场地必须被围起来，外高内低等。

（2）综合性体育场馆

综合性体育场馆是指为了满足多种体育运动项目而建设的。比如，北京鸟巢体育场馆不仅用于田径各种比赛项目，也可以进行足球体育运动项目。

广州天河体育场馆可用于篮球、排球、羽毛球和乒乓球等运动项目。我国综合性体育场馆较多，在体育比赛空隙期，可以促进我国群众健身运动。

3. 从占地面积方面对体育场馆类型进行划分，其主要包括小型体育中心、中型体育中心、大型体育中心和超大型体育中心。

（1）小型体育中心

小型体育中心占地小于 20 公顷。例如我国南京的五台山体育中心占地 13 公顷，有一个体育场（45000 个座位），一个体育馆（10000 个座位），一个游泳跳水池（2000 个座位）以及一个溜冰场。英国伦敦英格兰的水晶宫体育中心是一个小型体育中心，占地 14.6 公顷，有一个体育场（38000 个座位），一个体育馆（2000 个座位）和几个网球场。

（2）中型体育中心

中型体育中心占地 20—60 公顷。例如南宁体育中心占地 50 公顷，拥有一个体育场（60000 个座位）、一个体育馆（54500 个座位）、一个游泳池、一个综合训练场和其他运动场馆。加拿大蒙特利尔奥林匹克运动中心占地 50 公顷，有主体运动场（55000 个座位）、游泳和跳水馆（9000 个座位）以及自行车赛道（7700 个座位），还有一个小型体育馆，田径场和网球场。

（3）大型体育中心

大型体育中心占地 60—200 公顷。例如国家奥林匹克体育中心占地 97.5 公顷，其场馆包括体育馆、竞技体育馆、综合体育馆、游泳池、曲棍球场、网球场和足球场等。另有亚运村、会议中心、酒店、公寓、办公楼以及电子信息中心等。南京奥林匹克体育中心占地 89.6 公顷，于 2005 年开放，是我国综合性最强、标准最高的综合性大型体育建筑。

（4）超大型体育中心

超大型体育中心占地 200 公顷以上。例如国家体育中心占地 405 公顷，可容纳 44% 的奥林匹克运动场和大部分提供奥运会的设施。占地 80 公顷的奥运村建筑面积约为 470000 平方米，可容纳 1.6 万名运动员、教练及其随行人员，记者村占地 30 公顷，建筑面积约为 40 万平方米。

4. 从体育赛事等级方面对体育场馆类型进行划分

根据体育赛事影响力，赛事收入和出席人数等指标，体育赛事、可分为国际、国家、省级和地区赛事。体育场馆分为四个级别：超大型、大型、中型和小型（表 1-1）。

表 1-1　体育场馆分类

级别	超大型 / 特级	大型 / 甲级	中型 / 乙型	小型 / 丙型
承办赛事	奥运会、亚运会、世界级比赛	全国性、单项国际比赛	地区性、全国单项比赛	地方性、群众性运动会
体育场（座位）	60000 以上	40000—60000	20000—40000	20000 以下
体育馆（座位）	10000 以上	6000—10000	3000—6000	3000 以下
游泳馆（座位）	6000 以上	3000—6000	1500—30000	1500 以下
投资金额（万元）	3000 万以上	30000 万以上	30000 万以上	30000 万以下

第二节　体育场馆管理模式类型

一、事业单位企业化运作模式

事业单位采用企业化经营运作管理模式也就是泛指国有体育场馆管理企业作为法人事业单位，体育场馆的经营管理人员直接负责进行所属体育场馆的日常管理运营和公共管理服务活动。

事业单位采用企业化经营运作管理模式主要有三大优势：其一，体育场馆管理服务项目的经营开发和场馆运营管理可以充分有机地整合公共体育场馆的各种基础设施和服务资源，最大限度地发挥场馆经营经济效益，优化社会效益；其二，直接采用运营模式可以完全避免或有效缓解各种利益冲突，比如运动培训或体育赛事之间举办的利益冲突、业主与场馆运营商之间的利益冲突等；其三，我国大多数体育场馆和大型体育馆的运营管理人员都长期从事公共体育管理工作，体育馆的持续发展需要造就了一批充分了解公共体育和场馆管理相关知识的专业人才。

二、建造—运营—转让运作模式

（一）BOT 运作模式概述

建造—运营—转让运作模式，英文全称为 Build Operate Transfer，简称为 BOT，主要广泛用于大型城市基础交通设施和公共交通工程的投资建设和运营管理。私营经济实体从私营或其他公共部门手中获得各种特许，资助、设计、建造、拥有和管理运营这些特许授权合同中所有规定的基础设施，这样做可能会令整个项目上的投资者收回其在整个项目上的所有投资、运作及设备维修相关费用。这种融资模式一般主要指当地政府与一家私人项目投资公司正式签订合同，项目投资公司主要承担政府基础配套设施或公共基础工程项目的建设。项目投资建成后，项目管理公司将在投资双方共同约定的投资期限内通过联合经营方式收回所有投资，得到合理的销售利润。协议有效期满后，该基础设施的土地所有权可以免费直接移交给当地政府。这种管理模式有利于有效减轻地方政府公共财政负担、规避管理风险，有利于加快引进先进管理技术和完善管理体制，促进体育场馆公共资源的科学合理配置和推动场馆综合利用率。一般而言，如果项目所产生的收入能够支付其成本并提供足够的投资回报，则项目在财政上对私营实体是可行的。另一方面，与用公共资金资助项目的经济效益相比，项目对政府的可行性取决于其效率。即使政府能够以比私营公司更好的条件借款，其他因素也可能抵消这种特别的优势。

因此，私营实体承担了很大一部分风险。比如政治经济风险（社会政治经济变革）、技术风险（未预见的土壤状况和设备故障等）、融资风险 [利率波动、市场风险（原材料价格变动）、收入风险（过于乐观的现金流预测）和成本超支风险等]。

（二）BOT 模式在体育场馆应用可行性

为了弥补对体育场馆投资建设的不足，我国政府应该积极吸引外资和其他私人资本进入该领域。在国外，一些属于体育类的健身和休闲娱乐场所主要还是私人资本家投资的。在英国，个人在开展体育休闲健身和文化娱乐休闲方面的商业投资是地方政府的 5.3 倍；该数字在西班牙是 6 倍以上。目前，我国居民储蓄机构存款准备余额逐年快速增长，保险投资基金、社保保障基金等金融机构风险投资者在不断快速增长。通过 BOT 运作模式，吸引我国民间社会资本力量投资兴建体育馆。一般来说，专业人士从企业盈利实现能力、风险和资金流动性的三个角度分析个人投资项目的可行性。一个体育场的合法运营，可以通过转让其所有经营权益，如出租一个体育场的品牌广告，出售其他体育场的品牌冠名权，获得一定租金，实现体育门票经营收入的一定经济效益。与任何创业项目前期投资一样，奥运场馆建设投资也需要面临很多市场和政府政策上的风险。体育场馆工程建设利于全民健身发展，能够长期得到地方政府的大力支持。

（三）体育场馆 BOT 经营的基本模式

在 BOT 政府体育场馆的专项经营中，政府机关体育场馆行政主管执法部门应当代表各级政府依法行使经营投资者的合法权益，设立以政府体育场馆经营投资方式入股的政府全资或股份制企业法人投资公司，对政府体育场馆经营进行专项经营管理。特别是在我国，体育场馆行政部门管理作为一个政府职能部门，从整个体育场馆的设计论证、招投标、建设等一系列工作环节都有涉及，加上对我国体育场馆业务各个领域十分熟悉，这种行业管理模式可以有效弥补传统政府部门管理的不足。

场馆经营管理由地方政府在一段时期内进行移交或直接委托体育场馆经营管理公司进行专业管理。这种管理方式的不足是容易直接滋生一种短期行为，难以有效保证城市体育场馆的基本公益性和巨大社会效益。例如，我国香港某公司在香港体育场的经营管理过程中，由于非法牟利而最终由香港政府重新投入经营。

（四）体育场馆 BOT 经营模式作用

1. BOT 经营模式的作用

引进 BOT 模式最大的作用就是能够吸收私营企业和民间资本进入到公共设施建设的领域当中，可以让政府机构在公共设施投资的负担进一步减轻，对政府投资项目进行有效的补充，使城市当中的公共基础设施更加完善。BOT 模式尤其适用于体育场馆投资建设领域，能够帮助政府应对数额巨大的体育设施投资压力，并且能够给城市创造更多对体育发展有利的场馆设施。在政府的授权和监管下，民间资本能够根据当地的需求来建设相应的体育场馆项目，充分满足专业体育人才和群众对于体育场馆的需求。另外，BOT 模式在经营上也引入了民间资本，使其在政府的监管下能够获得商业化的管理与服务。这就进一步促使体育场馆的经营管理向市场化靠拢，使民间资本的市场竞争行为普遍应用在体育设施的经营中，有利于这些场馆提高管理水平、建立现代化运营手段，并且能够在市场的配置下为群众提供更优质的服务。这种模式对于我国体育场馆的投资建设和管理运营的进步是十分有益的，其既保障了政府对公共资源的所有权和监管权，也使政府减轻财政风险，提高了运营服务的效率。

在西方的发达国家，政府在场馆建设中采取 BOT 模式已经十分成熟、普遍，甚至在各类体育设施的投资中占据了主导地位。例如，在英国，由民间资本进行的体育场馆设施建设投资要远远超过政府的公共投资，能够使各类设施项目向大众提供体育服务。在国家及城市举办奥运会这类大型项目时，BOT 模式更能够提供巨大的帮助，可以帮助政府高效率地筹措资金完成高标准场馆的建设。例如，澳大利亚在举办奥运会时，就采取了政府与企业合作的方式来建设场馆。我国在筹办 2008 北京奥运会时，也开始尝试 BOT 模式建设场馆，政府通过公开向社会招标，为鸟巢、水立方等高等级场馆的建设筹集社会资本，使得北京市政府能够获得充足的资金来完成场馆建设。

BOT 模式在场馆建设后的运营方面也能起到关键作用。在城市体育场馆建设中，许多国家面临的一个难题就是在大型比赛后场馆出现闲置，从而导致巨额的投资无法回收，使政府面临着很大的财政亏损。然而 BOT 模式能够有效解决这一问题，该模式是通过政府与企业的合作，将场馆的经营管理权按照一定的年限交给社会来运营。而企业处于市场经营的考虑，就会在建设指出就规划好未来的经营问题，并且企业能够发挥市场活力，通过多样化的经营方式来对场馆资源进行开发，从而产生新的产品与服务，保证了体育场馆在没有大型比赛的情况下也能得到充分利用。例如，"鸟巢"体育馆就长期向各个行业开放，可以承担文艺演出等商业文化活动。

2. BOT 经营中要注意的问题

（1）宏观管理问题

BOT 在我国各个地区，还处于探索和试行阶段。在宏观角度，我国缺少对于此类项目的规范管理办法和有效的法律约束。这使得各地在进行场馆建设时，一般都会结合本地特点来探索 BOT 合作的机制，很容易出现责权范围不明确，利益分配不均和侵害公共权益的缺陷。目前，BOT 项目的引入还缺乏整体规划。引进 BOT 项目仍处于多区域各自为政的状态，没有有效的信息流动和运营经验。BOT 项目的政策不能在短时间内统一布局，急须建立全国统一的集中管理机构。在专门机构的指导下，各地才能结合 BOT 做出科学规划，并且可以结合项目规划来展开政府招标活动，让项目管理符合法律法规，使 BOT 建设项目具有法律保障和政策约束。

（2）经营和财产转让的管理问题

在规定的运营期结束时，BOT 项目产权转移。BOT 项目的投资人在场馆运营后期可能会过度使用场馆设施及相关设备，导致部分资源（如机械设备、技术条件）在移交期结束时不可再生（过度老化）；同时，在这些项目运营过程中，可能会对周边地区造成一定程度的环境影响或自然资源损害。因此，政府必须对这些项目进行监督。

（3）掠夺性管理问题

BOT 融资的第三个特点是：为了收回投资，早日获得利润，项目公司在项目建设和运营中必须采取合理的经营方式，提高生产效率和经营绩效，这使得项目公司有可能采用 BOT 方法建设场馆。在较长的运营期内，项目公司可能会忽视体育场的基本维护和适当的资本支出，加速体育场设施的折旧。这肯定会降低项目公司体育设施到期后收回的运营价值。因此，有必要对项目合同文本中的相应条款作出适当的规定，采取逐步回收的方法，逐步参与项目的内部运营和管理。

（4）价格水平监测问题

在 BOT 模式下，政府将体育场馆的经营管理完全交给了企业来进行，企业将在服务端与消费者发生市场交换关系，而政府的公共事业单位则不再进行具体的经营活动。这种模式可以发挥市场活动的优势，使场馆的收益能力增强，服务质量提升。但一旦投入市场后，也会产生在市场行为中出现的种种问题。其中主要的是企业都具有追求利益最大化的属性，如果缺乏监管，容易导致体育场馆的服务不合理，从而使消费者权益受损，并进一步影响文体活动在群众中的普及。因此，政府需要重点考虑的是如何对体育场馆服务价格进行监管，为企业与消费者的权益做好平衡，使服务价格既能满足体育场馆盈利的需求，也能够为消费者提供满意服务。

三、PPP 运作模式

公私合伙制模式英文全称为 "Public Private Partnerships"，简称 "PPP" "3P" 或 "P3"。其是两个或两个以上的公营部门和私营部门之间的合作安排，通常属长期性质。它涉及政府和企业之间的一种安排，这种安排能带来更好的服务或提高城市的有效运作能力。公私伙伴关系主要用于基础设施建设，如学校、医院、交通系统、供水和排水系统的建设和装备。公私合伙制企业作为融资工具一直备受争议，主要原因是人们担心，公共部门的投资回报率低于私人投资者的回报率。

（一）PPP 的三种模式

1. 外包 PPP 模式

外包方式的项目一般是由政府主导投资，并且在建设过程中由政府将其中的一部分承包给社会资本的建设方式。政府在其中实际上是购买了社会中提供某些特定的建设或服务项目，以便获得民间在整体项目建设上的支持。社会资本主要做好自身承包的部分项目，因此所承担的职责有限，风险也较低。

2. 特许经营 PPP 模式

特许经营模式是政府与企业之间通过制订一系列的合作协议，在一些公共项目中共同承担投资建设责任的一种方式。根据，政府与企业间合作方式的不同，民间资本在其中所占的比重也不同。在体育场馆的合作过程中，政府可以根据相关的合作协议，向被授权的特许经营企业收取费用，而企业可以按照市场的规律，对体育场馆进行商业开发，以获取利益。这种方式最主要的问题就是，制订好政府与合作企业之间的收益占比，以便使各个方面的利益都能获得平衡。特许经营能够让政府掌握的公共资源经过企业的经营管理来获得更大的效益，从而让体育场馆的投资建设与管理成本得到合理分配，减轻政府的负担，并提高服务的质量。

3. 私有化 PPP 模式

私有化的 PPP 项目要求私营部门负责项目的所有投资。在政府的监督下，可以通过收费用户来收回投资，实现利润。由于私有化的公私伙伴关系项目的所有权由私人永久拥有，不具备有限追索权的特点，因此私营部门在这类公私伙伴关系项目中承担的风险最大。

（二）PPP 模式成功要素

1. 政府部门的大力支持

政府通过 PPP 模式，实现了与企业在公共设施建设上的合作，从而能够让社会公众得到更丰富的公共服务，因此，政府的大力支持是十分重要的。

在合作过程中，政府不仅要对私营企业进入公共事务领域给予支持，还需要加强对这些项目的监管，发挥政府的行政职能，确保公共资源配置的公平性和公共服务的均等性。同时，政府还要协调好与私营企业之间的关系，使双方的权利和义务能够保持一致。

2. 健全的法律法规

如果要在社会中全面推广 PPP 模式，还需要拥有相关法律的支持。在 PPP 模式下，由于所涉及的利益主体更为多元，并且还要将公共服务推向市场领域，因此，政府必须运用法律形式来维护市场的公平性，一是要保证政府在项目招投标上的公开性、公正性，避免出现以权谋私的现象；二是要协调合作的各方在项目中的利益关系，保障群众享有公共服务的权利得到保护。

3. 专业化机构和人才的支持

运营的 PPP 模式广泛采用项目特许经营方式进行结构性融资，需要相关人员具备更复杂的法律，金融和金融知识。一方面要求决策参与方制定规范化、标准化的 PPP 交易流程，为项目运营提供技术指导和相关政策支持；另一方面要求专门的中介机构提供专业化的服务。

（三）PPP 的基本特性

PPP 模式具有三个很重要的特征，既拥有公私间的合作关系、实现各方面的资源共享和用多元主体来分担投资风险。公私合作关系主要是政府与企业等各类民间资本的合作，需要在政府的政策鼓励下和市场监督下，促进民间资本进入公共设施投资领域中，参与各类公共项目的建设及管理。在这个过程中，政府与民间资本能够共享各自掌握的资源，能够在合作协议的约束下实现利益的共享。政府采取这种模式的主要目的在于能够使政府减轻在公共设施投资上的成本，与其他主体共同承担风险。

需要注意的是，在 PPP 模式中，政府与企业的合作目的都是为了加强公共设施的建设能力，在目标上和利益上有一致性，并且其中的利益也不仅仅局限于商业利益，还包括社会利益上的实现。PPP 项目关注的是公共基础设施的投资合作，并不会改变其项目为公众服务的本质属性，因此，坚持这些项目的公共属性是必然要求。政府在与企业合作的过程中，要避免企业为了追求商业利益而出现价格不合理的情况，要确保这些公共设施能够更好地为社会公众服务。企业在建设和管理中，虽然要实现更好的投资回报，但是也要在政府的监管下兼顾社会公共利益。

总之，PPP 模式的这些基本特征是相互协调的，如果缺少任何一个要素，就会导致政府与企业间的合作遭到破坏。政府与企业在合作过程中，政府依然需要履行公共服务的职责，让企业在参与公共投资时减少公共利益的风险，而企业参与的投资，也能减少政府在资金上的风险。概括说来，就是要让不同性质的风险由最合适的主体来承担，从而让公共设施的建设与管理实现优化发展。

（四）PPP 模式的内涵和作用

1.PPP 是一种新型的项目融资模式

PPP 模式为公共基础设施领域的建设开创了一种新型的融资模式，其主要是在政府的政策支持下，围绕公共项目的资产和收益来吸收社会资金，改变了过去在公共领域投资上单一的融资形式。政府可以在融资过程中为民间资本提供贷款上的支持，并对民间资本的投资提供政策上的承诺，能够让投资主体以经营收益和其他公共效益来偿还贷款。

2.PPP 融资模式可以使民营资本更多地参与到项目中，以提高效率，降低风险

由于民间资本广泛地参与到公共基础设施投资上来，就会使得整个项目有了多方的投资来源，可以发挥企业在项目建设上的效率性。同时，在民间资本进行建设管理的过程中，可以与政府一起进行项目的规划、设计工作，改变了政府在公共事务领域的职能范围，体现了社会参与的优势，加强了公共事务管理的开放性。政府有条件从民间各个主体中得到更先进的项目管理方式和科学技术，可以更高效率地实现对相关项目的管控。政府能够与民间投资主体共同分担风险，明确责任与义务，使各方利益得到切实保障。

3.PPP 模式可以在一定程度上保证民营资本"有利可图"

PPP 模式能够允许民间资本在公共设施中获得投资回报，因此比较适合那些能够产生市场回报的项目。例如，体育场馆的建设就可以通过市场经营来实现盈利，非常适用于引进这种模式。在政企合作中，政府能够结合公共项目建设，对企业提供一定的政策支持，使其可以更好地获得银行贷款，并在税收方面获得更多优惠。同时，企业还可以围绕公共设施项目做进一步开发，使公共项目与周边的商业投资关联起来，使企业能够获得更大的回报。

4.PPP 模式在减轻政府初期建设投资负担和风险的前提下，提高公共基础设施服务质量

PPP 模式的作用还体现在两个方面：一是有效减少了政府在公共设施建设方面的投资成本，获取更多的民间资金支持；二是吸收了商业企业参与到公共项目的经营管理当中，使其可以开发出更为丰富的服务产品，并引进了更先进的服务模式，使公共设施的服务质量获得明显提升。

第三节　案例——新加坡体育城 PPP 合作模式

新加坡体育城由 Parchitects 公司设计，于 2014 年竣工投入使用，整体耗资 13.3 亿新元（约合人民币 65 亿元）。项目位于面积达 35 公顷的滨水区用地上，具有独特的生态系统，是新加坡不断扩张的城市中心和公共社区之间的一个关键节点。

新加坡体育城是世界上第一个纯体育娱乐产业 PPP 项目。所谓的"纯"就是指投资方纯粹是依靠运作体育娱乐相关设施和赛事活动来获取收入，从中赢得利润，而非通过其他住宅配套设施的开发来获取收入、赢得利润。可以说，这也是新加坡政府与民间资本的一次全新大胆的尝试。

在融资管理运作方面，新加坡体育城也作为纯体育娱乐地产项目创新尝试了一个可行的商业模式，以吸引私营企业参与项目，承担风险，进行运作。

新加坡体育城于 2010 年开始 PPP 项目的招投标工作，然后开始设计建设。期间受次贷危机的影响，搁置过一段时间。政府机构新加坡体育理事会具体负责招投标工作，确定项目公司，并对其后续进行监督合作并重。PPP 项目公司负责设计、建设、融资、运营、维护，合同期限为 25 年，目标是通过打造综合体育休闲一体的地标吸引国际一流的体育赛事和商业演出节目。

该 PPP 项目公司由一民间投资财团设立，该财团是由 4 个公司组成的，这 4 家公司都是商业体育行业的专业公司，包括：Infra Red Capital——金融财团投资基础设施、不动产为主；Dragages Sg（设计建设分包商）——1984 年起参与多个大型基建项目，如酒店、滨海湾等；Cushman&Wakefield（专业物业管理机构）——世界领先的房地产服务公司，在 60 多个国家有业务，共有 43000 名员工。

从设计、建设、融资到运营管理都是财团需提供的 PPP 服务范围。那么如何规定提供服务的方法和服务水平最终需要达到的要求呢？我们从上述内容中看到，这个项目所需提供的服务是非常综合性的，也意味着其复杂性，那评价标准是如何设定的呢？这个评价标准是一个综合性指标体系，涵盖多方面，比如：运动、休闲和娱乐节目的吸引力水平、项目功能和设计质量、金融和法律的遵守程度以及设施管理等四大方面，并以不同比例作为指标体系量化的一部分。评价标准也明确了提供服务的具体方法需要合乎规范，侧重于施工建设水平，并能预测结果和设计理念避免雷同等。对最终服务水平要求，合同规定了最终服务创新及业务优化，成果要以最终用户的体验为本。举个例子，考虑到新加坡天气炎热，为保证观看赛事时观众的舒适度，体育城场馆运行时室温要求为至 23℃至 25℃。

体育城的收入来源主要是可用性付款、可变性付款和第三方收入三方面。前两者主要由政府支付给项目公司，可用性付款占比较大。一旦服务投入使用，政府就根据合同签订的评价标准支付给项目公司。如果服务可用性低于标准的话，政府会根据情况进行扣款。第三方收入主要来源于场地出租、学院培训、赛事组织等，部分上交政府（新加坡体育理事会）。项目公司将收入主要用于支付融资利息、股东回报以及服务费用。从中可以看到，政府在这个项目上成功地获得了来自私营企业的支持，共担风险。

第二章　体育场馆员工管理

第一节　体育场馆员工配置与职责

体育场馆一般规模较大，包含着复杂的场馆设施和服务内容，因此，其管理和经营的过程需要多方面的人才资源来提供支持。根据体育场馆的性质，管理一方需要引进专业化的管理人员和专门的技术人员；结合场馆服务产品的需求，还需要拥有高水平的服务人员来向大众提供服务。因此，场馆内部各方面人员的职能划分和配置情况是管理者必须重点考虑的问题。

一、人员配置

体育场工作人员的合理配置是指满足业务活动所需的工作人员的配置。根据业务项目进行分工和岗位，即选择职位和安置合适的人选。哪些场馆运行不同的项目不完全相同，每个项目对岗位的要求也不同。即使同一个项目有不同的服务内容，岗位设置也不完全相同。

（一）按业务项目配置

根据运营项目建立岗位，为保证每个项目运营服务的需要，需要更有针对性的工作人员。每个业务项目的正常工作需要管理人员、服务人员和专业技能人员。商业项目越多，职位越多。

（二）按服务内容配置

由于体育场本身的条件不同，许多经营项目的服务内容会有所不同。例如一些体育场馆只提供基本的健身服务，一些体育场馆还提供桑拿、淋浴和按摩等附加服务。

（三）根据服务规格设置配置

服务规范越高，提供的服务越多，需要的人员也就越多。例如，除了为VIP 提供一般健身服务外，还需要有专人为客户提供身体技能测试和分析等一系列服务。

（四）根据服务时间配置

固定工和临时工。由于场馆的运营时间和周期不同，员工的安排往往分为固定工人和临时工人。长期工人是保证每个岗位运作所需的最基本的雇员人数；临时工人是指在体育场营业高峰期需要临时增加的雇员人数。大部分体育场馆在进入营业高峰期前的下午或晚上运营，为安排临时工提供了时间条件。在其他行业工作的工作人员或学生可以晚上去体育场临时工作。这些工作主要集中在服务一线。

二、体育场馆员工职责

（一）领班的职责

领班接受经理、监事的监督，负责本辖区的日常管理工作。执行物品管理规定，严格控制物品的收集、发放和使用，做到物尽其用。制定辖区内设备设施的维修保养计划，保证设备完好。负责处理日常业务中客户的投诉，尽量满足客户的合理要求。

（二）接待员职责

按时做好上班前的各项准备工作，做好环境卫生和个人卫生工作，穿上工作服开始上班。礼貌接待顾客，应记录非会员顾客进出时间。会员需出示会员卡并登记。对于第一次参加活动的顾客，要向顾客介绍各种设备的使用，并向顾客演示。顾客完成健身锻炼，根据顾客消费情况结账，或介绍其他消费项目。

（三）网球服务员职责

做好业务准备工作，主动接待顾客，向顾客介绍场馆各项规章制度和各项收费制度。顾客决定租用场地后，应将球拍租给顾客，带顾客到场地，并记录出发时间。爱护网球场的各种设备设施，做好维护保养工作。做好网球场卫生工作。根据顾客的需要，并按照体育场馆的原则提供陪护服务。顾客在运动过程中如有需要，应及时提供饮料。如果顾客需要额外的服务，应立即通知服务台。工作人员离开现场时，应立即检查所有设施是否损坏，如有损坏应立即通知服务台。

（四）保龄球服务员

按时完成工作，在领班的指挥下，对保龄场进行清洁和维护。球道应每月用专业清洁剂清洗一次。碗和碗每周用洗涤剂清洗一次，鞋每三天用紫外线消毒一次。保龄球指数板，护板要定期清洁。每天对回球机、记分牌和座位进行清洁。每天营业前对营业用品进行检查并补齐，做好充分准备。配合工程维护团队测试各球道，发现故障及时维修。接待顾客时，询问顾客人数，要玩多少游戏（或玩多少次），并主动介绍消费价格。如果球道已满，顾客应在酒吧休息区等候或推荐其他娱乐项目。对客户进行正确的技术指导，及时纠正不正确或危险的行为。在消费过程中，顾客需要及时提供酒水并做好记录。消费完毕，通知收银员结账，并引导顾客归还租赁物品。做好交接班工作。

（五）泳池服务员职责

每天开放给顾客之前，要对泳池内的水进行净化，即吸尘、去除水中杂物、清洗地面和池边污渍，做好泳池内外的环境卫生工作。清理游泳池周围的咖啡桌、椅子、茶几、躺椅，并整理好。服务人员带领顾客到更衣室换衣服。顾客的衣服用衣架挂在柜子里。把鞋袜放在柜子的储鞋里，提醒顾客锁好柜子门，保管好自己的贵重物品。钥匙由顾客自己保管。负责发放浴巾、长毛巾、方毛巾供游泳用。如果顾客不带泳装和裤子，向顾客推荐店里出售的泳装和裤子，并提供周到的服务。提醒顾客注意安全，对不会游泳的顾客做一些技术指导。经常在泳池边观察，以防发生意外。顾客离开泳池时，应提醒顾客带好随身物品。不要把它们留在游泳池、更衣室和淋浴间。营业结束时，应按照净化池水的程序和原则，将经过净化和消毒的物质放入池水中，对池水进行净化和消毒。

第二节　体育场馆编外人员聘用与管理

体育场馆在对外开放和经营时，必然结合场馆的属性为大众提供专业化的指导和服务，使其能够在场馆中学习到更多的体育技能，并且在活动时能够获得安全保护。为此，场馆必须时刻保持自己拥有相关的体育技术人才来提供服务。例如，游泳馆中的游泳教练、瑜伽馆中的瑜伽教练等。这些体育技术人才的特点是流动性强，场馆一般会采用短期外聘的方式来补充，因此这些人员也属于编外人员。

一、编外技能人才聘用

（一）确定技能人才岗位

体育场馆在聘用技能人才使，需要对场馆的规模、性质和服务的消费者数量进行具体的考察，并分析体育服务的周期性规律，以此确定技术人才的岗位数量。在聘用人才时，一是要明确岗位的人数，使其既能为消费者提供高质量的服务，又避免出现人数重复的问题；二是要确认岗位的职责，保证人员才能够满足体育馆发展的需求。

（二）技能岗位工作说明书

在对技能人才进行管理时，要制定岗位技能说明书，其内容主要是对各个岗位的职能进行详细规定，其中应包含对于体育技术的具体要求，对于服务方式做出详细规定等。岗位技能说明书能够使人才对自己需要掌握的技能和服务方式进行详细了解，在招聘时可以让相关人员能够了解自己的岗位。同时，对于已招聘的人员来说，他们可以按照说明书上的规定来进行工作，管理人员也可以按照说明书上的内容对人才的业绩进行考核。

（三）技能人才的来源

挖掘技能人才的来源对于场馆的招聘是十分有利的。在招聘时，体育场馆应该着重挖掘那些具有体育服务工作经验的人员，这样可以减少许多岗位培训的成本，另外也需要聘用那些体育技术较高的人才。但这些人才的不足之处是岗位工资会比较高，会增加体育场馆的运作成本，为此，体育场馆需要协调好各种能力人才之间的比例。由于这些编外技能人才的流动性较强，他们会经常在各个体育机构之间流动，为此，体育场馆在进行招聘时，应该建立人才交流信息网络，在行业内进行通畅的人才交流体系。除了行业内部的招聘之外，体育场馆还可以从体育院校中招聘新的毕业生成为体育人才，体育专业毕业生的特点是技术比较专业，需要进行相关的岗位培训。为了拓展体育人才的来源，体育场馆在有必要时还应在人才市场、和招聘网站上广纳人才，开辟更多人才的招聘渠道。

（四）了解技能人才的求职资料

在进行人才招聘时，体育场馆应该全面了解被聘用人才的各方面资料。求职人员的简历中会对自己的情况进行简明的介绍，但为了深入了解人员的性格特点、职业能力等，招聘人员还需要通过面试等方式进行对话，从中可以进一步了解求职者的有关信息。在求职资料中，最主要的内容是他们的技能等级、相关证件、学历和经验等，这些都是需要重点了解的内容事项。另外，求职者的社会关系情况、个人的性格特征也是对体育场馆服务比较重要的内容。

（五）技能人才的道德素质

体育技能人才最主要的职责就是为消费者提供服务，因此，其服务能力和服务态度是十分重要的。在进行招聘时，体育场馆需要着重了解这些人才的职业素养和个人道德水平，要重点了解求职者是否具有良好的性格和为他人服务的意愿，并且能够具有良好的职业精神。如果一个人空有体育技能却没有服务意识，那么就不是体育场馆理想的招聘对象。

（六）面试

要想深入了解求职者的职业素养和性格特征等内容，仅凭书面的简历是远远不够的，为此，体育场馆还需要对求职者进行面试。在面试前，招聘人员应该充分调查好求职者的各种情况，使面试的内容能够有的放矢。在面试过程中，招聘人员需要对求职者的性格特征、个人能力和职业诉求等进行具体的了解，从对话中要看到求职者是否能够适应体育场馆的工作环境，是否具有服务精神等。面试可以分阶段来进行，对求职人员的了解可以由浅入深，逐步掌握他们的职业匹配情况。

（七）对求职者的资料进行核查

求职者的个人信息资料可能存在虚假和夸张的情况，这就需要体育场馆的招聘人员能够对各类信息予以核实。在进行核实时，招聘人员需要通过多个渠道来了解求职者的真实情况。一是可以通过面试来进行，通过与求职者进行的面对面会谈，可以了解到求职者的个人特征、职业素养等关键信息；

二是可以与求职者的原工作岗位进行沟通，核实求职者的真实情况，可以访问到求职者过去的工作经历，了解到他们是否存在不符合岗位需求的问题，如职业态度不佳、个人习惯不良等。

（八）挑选测试

通过了第一阶段面试后的求职者可以参加挑选测试。测试基本内容包括基本技能和水平测试评估。

（九）签订技能人才聘用协议书

二、编外技能人才聘用管理

技能人才的招聘工作由体育场馆各部门与人力资源部联合招聘，并由人力资源部协助各部门管理。

（一）编外专职人员管理要求

1. 必须保证体育场馆正常运营需要，维护体育场馆的形象和声誉

编外技术人才的主要职责是为消费者提供体育专业的服务，只有良好的服务，才能让消费者提升对体育场馆的满意度，从而产生信任，使体育场馆的社会形象不断提高。良好的服务、稳定的消费群体是体育场馆长期经营的基本要求。

2. 保证编外专职人员接受体育场馆的各种规章制度

编外人才要严格遵守体育场馆的各种规章制度，避免出现违背职业道德和违反法律的现象发生。体育场馆的规章制度需要明确各方面人员的工作标准和服务要求，对相关人员起到约束作用，不仅维护了体育场馆的管理运

营，也对相关工作人员个人能力的增强和服务质量的提高产生推动作用。编外的技术人员在提供技能服务的过程中，也需要按照规章制度来行动，不能在工作期间我行我素，导致体育场馆的管理出现混乱。如果这些人员不遵守纪律，也必然在消费者中间造成不良影响，从而破坏了体育场馆的社会形象。

3. 保证编外专职人员的各种利益，保证其收入和其享有的待遇

体育场馆要切实保障编外人员的合法权益，使其能够利用自己的专项技能做好对消费者的服务，并从劳动中获得报酬。一般来说，在聘用这些人员时，双方在劳动合同中就已经明确了相关的责任和义务，确定了相关的薪酬标准。为此，体育场馆应该积极履职自己的职责，根据编外人员的劳动给予相关的报酬。要杜绝出现拖欠工资的现象，以免影响工作人员的积极性，导致其服务质量下降等问题。

（二）外聘技能人才的优缺点

①外部招聘的优点：带来新鲜血液，增强体育场馆活力。带来新的技能，有利于相互学习和创新。给员工带来外部竞争的压力，避免故步自封。同时也节省了培训费用。

②外部招聘的缺点：招聘费用偏高。外聘人员缺乏对体育场馆的忠诚。

（三）聘用管理

编外技术人员进行体育场馆的考核后，并在双方谈好岗位职责和薪资待遇后，就可以聘用其成为编外技术员工。尽管这些人员没有体育场馆的正式编制，但也需要对其进行科学管理。为了确保管理的规范性，体育场馆可以为编外人员制定试用期，通过岗位的实践来进一步确认这些人员是否能够适

应工作需求。另外，体育场馆也需要按照相关的职业规范来对相关人员进行管理，不断提高他们的服务水平、使其能够遵守体育场馆的纪律要求。

（四）聘用待遇

编外人才在薪资待遇方面与正式员工有着很大不同，他们通常按照课时、服务或是提成来得到报酬。这中方式能够使场馆的利益和人才的权益得到协调，提高他们的工作积极性。但体育场馆也应该按照相关的劳动法律与社会保障制度来聘用编外人才，充分保障他们的权益。在社会福利方面，编外人员应该与正式员工享有同样的权益，完善对编外人员的保险缴纳；在场馆举办各类员工活动和内部福利时，编外人员也应该参与其中；更重要的是，在工作时间上，编外人员的权益也应得到保护，对于加班和休假制度也要进一步完善。

（五）日常工作管理

由于编外人员的流动性较强，在场馆工作时也容易缺乏归属感和主人翁意识，因此，场馆的人力资源管理部门也需要加强对这些人员的日常管理。一是要结合编外人员的数量和工作性质设置管理组织，保障编外人员的日常工作情况，合理分配工作任务。二是要制定岗位制度和场馆员工规范，要让编外人员也能够遵守场馆秩序，避免给整个场馆的工作环境造成破坏。三是做好对服务项目的客户管理。由于编外技术人才需要面向消费者服务，因此他们的服务能力、态度和质量直接影响着场馆的形象和盈利水平。场馆需要对消费者的反馈做好服务，处理好消费者的投诉，对编外技术人才的工作做出有效监督。

（六）离职管理

编外技术人员在就业过程中通常是与场馆签订不同的劳动协议来参与工作，但却不属于场馆编制内的员工，因此，在合同期满后，许多人会选择新的岗位。因此，场馆做好离职管理是十分必要的。对编外人员的离职情况，场馆应该劳动合同和管理制度上做出明确说明，确保人员在离职前能够给场馆充足的准备时间，要让离职人员做好工作的交接。应避免因员工突然离职造成场馆服务质量的波动。同时，场馆还应该提高发展水平和管理水平，切实保障人才的权益，维护员工的忠诚度；对于有经验的重要人才，场馆要为其打造充足的进步空间。

第三节　体育场馆人力资源培训与绩效评价

一、体育场馆人力资源培训

体育场馆在进行人力资源管理时，要对相关人员进行职业培训，以便使其工作能力得到提升。培训的内容主要是岗位技能的增强和职业素养的提高，可以让工作人员进一步符合体育场馆工作的要求。培训的形式可以概括为职前培训、在职培训及职业教育等。

（一）职前培训

职前培训主要是面向新招聘人员进行的集中培训，主要内容是结合岗位的实际要求来进行具体的培训活动，以便让新聘用人员能够快速适应岗位的工作环境。一般来说，新聘用的人员在个人能力上已基本能够满足体育场馆的需要，但由于对新的工作岗位不适应，还需要经过一段时间的培训，使其能够适应具体的工作。另外，除了技能上的培训外，体育场馆还需要结合场馆的纪律规范、职业道德等对员工进行培训，要让他们真正认同体育场馆的管理制度、工作环境和价值观等，从而提高他们的职业道德素养。

新聘用的人员来源是比较复杂的，其中一部分人可能具有一定的工作经验，一部分人可能是体育院校的应届毕业生。而这些人员在个性特征、职业规划和人生抱负等方面也会存在差异，对于体育场馆这个新的工作环境需要有一个适应的过程。因此，对他们进行岗前培训是十分必要的，可以使其更好地适应新的环境，了解自己在工作岗位上的发展情况。对于有经验的人员来说，培训的作用是让他们能够改变以前的一些工作习惯，并发挥他们在工作经验上的长处，从而以新工作场所的相关要求来进行工作；对于刚刚毕业的大学生群体，培训的作用是让他们能够快速积累工作经验，使其能够将所学的知识应用在具体的工作当中，并发挥这些人员在知识结构上的优势。同时，要改变毕业生在学校中养生的习惯，使其快速适应社会，以社会化的标准来参与工作。

在进行职前培训的过程中，体育场馆需要对新员工进一步加深了解，充分了解他们对工作岗位的期待，并能够满足他们的要求。同时，要帮助新员工快速适应新的人际关系环境，加强他们与同事之间的交流。体育场馆可以建立以老带新的机制，让有经验的老员工来进行工作上的示范，体现场馆各项工作的传承性。职前培训的按照要有计划、有针对性，能够在有限的时间内达到培训的效果。为此，体育场馆需要建立有效的评价、监督机制，能够及时了解新员工的成长情况。培训的方式不应过于复杂，要讲求效率性和员工的接受程度，能够使新员工快速学习到有用的工作技能和经验。

（二）在职培训

在职培训主要是针对在职员工的成长，结合体育场馆在发展中出现的新问题，按照员工在职业能力的成长需求来采取的培训活动。其目的是要使体育场馆的员工能够掌握新的知识、技能或职业理念，从而适应不断发展的社会需求，并且能够为体育场馆的发展和转型做出贡献。在职培训最重要的就是要按照体育场馆的发展需求来进行，能够让员工有所进步，使其职业能力获得提高。因此，在职培训不能盲目进行，而是要具有针对性。在进行培训之前，体育场馆应该对未来的需求做好分析，考虑好需要培训那些人才，对培训后的效果做出预估。之后，体育场馆还需要结合培训活动来确定方案，确定好需要投入的资源和费用。

在职培训的形式是多样的，应该结合体育场馆的实际情况来进行。主要采用的方法有两个方面：一方面是进行外部培训，既选拔一些员工到其他场馆或是在社会中接受培训，使其能够得到新的经验、技术或知识理论，或是使员工个人的职业技能得到提升。另一方面是进行内部的职业培训，即让体育场馆内部的高级员工成为培训者，使体育场馆内资历较浅、能力不高的员工得到培训。让高级员工的经验、技术等得到传播，是学员的能力得到增强。总的来说，在职培训在内容和形式上不是固定的，而是要根据体育场馆和员工的发展来进行。培训要有针对性、目的性，要重视员工实践能力的提高，给员工创造更多的职业发展机会，将员工的潜力进一步挖掘出来，为体育场馆的发展而服务。

（三）职业教育

职业教育就是使职员了解工作的特点和意义，培养他们的职业自豪感和职业道德意识，强化他们做好本职工作。职业教育是贯穿在职前培训和日常培训及再教育的过程之中的。各种职业，都有自己的一整套规则、制度和程序，只有遵守这些规则，工作才能做好。

二、体育场馆人力资源价绩效评价

体育场馆要想提高人力资源管理的质量，就需要形成完善的绩效评价体系。绩效评价主要是对全体职员的工作情况和成长情况做出考察，促进员工提高工作能力和服务能力，无论是对员工个人的成长，还是对体育场馆的发展，都可以产生重要作用。通过绩效评价，员工可以充分认识到自己在工作中的优势和不足，帮助他们总结经验，从而提高自己的能力。另外，体育场馆的管理部门也能够以绩效评价体系为标准，实现管理工作的科学化与规范化，让各项管理工作走上正规。

（一）评价主体及内容

绩效评价的主体是体育场馆的管理部门，评价的对象是全体员工，评价的内容是各个部门和员工的工作情况。要想做好评价工作，体育场馆还需要建立规范化的评价标准。标准的制定需要符合以下要求：一是能够让工作人员清楚自己的职能，了解自己的工作内容，使他们可以按照评价标准来改进自己的工作；二是评价标准要考虑到各项工作的理想情况，让全体员工有一定的发展空间，能够按照相关的要求来获得能力上的提升。

（二）评价原则

无论是绩效评价工作标准的制定，还是执行具体的评价工作，都需要按照一定的原则来进行：①评价要有超前性。评价工作的标准制定要在各项工作开始之前公布给全体员工，使他们能够根据相关的要求来开展工作。这样员工就会按照评价体系中的目标来成长，从而有效控制体育场馆的发展方向。②评价工作要有参与感。在标准制定和执行过程中，应该鼓励员工参与其中，使员工的意愿能够得到体现，并且得到员工们的支持。③评价要有公平性。评价面向的对象是全体员工，使他们能够在同样的标准下接受考核，不能有所偏差，也不能搞特殊。④评价要体现科学性。需要按照一定的准则来制定标准，并严格执行，不能按照管理人员的喜好来进行评价。⑤评价要简洁、明确。在制定评价标准时，应用明确的内容和简洁的语言来规定各项工作的内容，使工作人员能够按照标准来执行。⑥评价要真实、准确、全面。在评价过程中，管理人员需要掌握真实的信息，能够如实掌握各个员工个人的情况，要通过各方面的渠道来了解某些具体工作和具体的人，从而做出真实而全面的评价。⑦评价时要体现团队性。在评价时，各个部门之间，上下级之间既要做好信息的收集，对他人做出评价，也要注重队伍的团结，避免产生矛盾和嫌隙。⑧评价要有可行性。在各项评价标准的制定中，都要符合工作的实际情况，能够让各个部门评价工作执行下去。

（三）评价方法

绩效评价包含两个部分的流程，一是对工作的结果做出评价；二是对工作的过程进行评价。结果评价能够真实看到各个部门的工作成效；而过程评价能够反映部门和员工的工作状态，总结工作经验，了解各项工作的进展情况。

在对结果进行评价时，可采用以下办法来进行：一是要对照既定的目标对结果进行评价。要查看一项工作后产生的结果与既定目标是否相符。二是在没有目标的情况下，要结合实际的工作成果做出评价，查看这些结果是否对体育场馆的发展产生了好的成效。评价人员可以倾听工作人员的汇报来做出评价，也可以采用实地考察，经营业绩考核等方式来做出综合评价。在进行评价后，管理人员要对结果做出反馈，如果结果是有积极意义的，就应该对相关部门和工作人员进行奖励。

在对过程进行评价时，可以采取的方法有很多种，例如，可以让员工以书面报告的形式来总结工作经验，如实体现工作的过程；可以通过各部门比较的方式来进行评价，让员工能够互相对照，提高自己的工作能力；可以结合体育场馆的各项工作标准和纪律规范来进行评价，查看员工的工作行为是否符合上级的要求；可以针对工作中出现的变化和重要事件来做出评价，从而将员工的行为记录下来，从中找出好的行为，避免坏的行为继续发生。

第四节　案例——新澳体育俱乐部的员工招聘

新澳俱乐部是一个综合性的体育俱乐部，集健美、网球、羽毛球、乒乓球、跆拳道、运动跳舞、游泳和其他运动于一体。它拥有许多分支机构和2000多名员工。每次需要雇用人员时，分支机构经理都会将所需人员的招聘情况通知人事经理。

候选人一旦被录用，他或她首先要去分公司完成一些文书工作，例如填写申请表和简短的体检，然后录用的人进入到自己的岗位。工作说明仅持续几分钟，新员工在遇到困难时会得到指导和帮助。

第三章　体育场馆财务管理

第一节　体育场馆营业收入管理

一、体育场馆营业收入分类

体育场馆的收入取决于场馆的服务项目的数量、类型、质量和附加值等，也取决于场馆的消费者数量和消费能力。对场馆的收入情况进行分类，有助于场馆提高自己的经营能力。

（一）按经营项目分类

1. 按项目的重要档次区分

场馆应该根据各种项目的收入能力和场馆主要的发展方向，将服务项目划分为主要项目和次要项目。在经营管理过程中，对主要项目不断加强和改进是十分重要的工作。

2. 按项目的活动方式区分

体育场馆在市场化经营过程中，会产生多元化的功能，推出各种类别的项目。对其进行划分，应该从行业属性和功能属性入手，例如可以分为体育竞赛项目、健身项目、文化演出项目和其他商业服务项目等。

3. 按项目规模大小区分

将营业收入按规模大小顺序排列，这种方法简单明了，比较直观。

（二）按营销方式分类

1. 常规销售收入

这一部分收入是场馆在对消费者开放时，从消费者获取的营业收入，也是场馆在市场化经营中产生的最基础和最直接的收入渠道。体育场馆应该为扩大销售入手而创造更多的营销手段，例如，除了对消费者单次收费之外，也可以用会员制、月卡制、年费制等手段获得稳定的收入。

2. 优惠销售收入

在面对市场中越来越多的同行业竞争情况下，体育场馆要想扩大消费规模，吸引新的顾客，应该经常推出各类优惠活动。由优惠活动增加的新收入，也应被归类为新的收入项目类型，以便让场馆财务和经营部门对活动成效做出合理判断。

场馆的优惠活动通常有以下几种：一是推出折扣性的优惠项目。即让消费者可以用正常价格的折扣价格来体验服务，一般用于节假日的优惠活动和面向新消费者的折扣。二是在消费总额上做出的优惠。例如，在消费者达到一定的消费金额后，对一些附加的消费项目可以进行免费。三是附加优惠。主要是在消费者进行主要项目消费后，可以为其提供一些附加服务。如，在门票中附加其他的礼品；在体验活动中赠送实用的商品等。场馆在推行各类优惠活动时，应该将优惠产生的成本进行统计、核算，以便更好地进行财务管理。

（三）按计价方式分类

1. 计时收入

这种方法按照消费者在场地内使用的时间来进行收费，不需要计算消费者体验了哪些项目和消费者的体验形式。乒乓球馆、羽毛球馆、台球厅等一些具有专门功能的场馆通常会采取这种消费方式。

2. 计量收入

该方法是依据消费者所体验的活动类型和使用的体育用具来计算消费金额的方法。通常一些综合性的体育场馆会采取此种方法。

3. 计人次收入

按人次消费的方法主要是向消费者销售入场门票而获得收入的方式。消费者有了门票后，就可以在场馆中进行体验。例如，游泳馆等场馆可以采取这种方法。在场馆举办商业性赛事活动时，也可以采取这种方法获得收入。

二、体育场馆营业收入管理

体育场馆的收入管理还没有形成固定的模式，体育场馆可以按照其营业范围和规模采取不同的管理方式。一般大型体育场馆会在收入管理中采取一些服务类企业的方式，建立专门的财务部门，由专门的收款员来负责财务收入事项。对于中小型体育场馆来说，为了节约成本，也可以以服务人员来兼职收款工作。然而要想实现体育场馆的规范化发展，体育场馆都需要建立专门的财务部门，对财务工作进行统一、规范的管理，以免造成财务管理工作的混乱。

（一）收款员岗位的设置

收款员是一些面向消费者服务的企业专门设立的工作岗位，主要职责是面向消费者进行财务方面的服务，按照规定的价格标准来向消费者进行收费。收款员由于要接触大量的资金，因此必须要掌握相关的财务知识，避免出现账目上的错误。收款员应该接受体育场馆财务部门的管理，使其能够与财务人员做好工作上的衔接。他们要与财务出纳人员进行密切配合，及时将资金的变动情况和具体的资金上交。因此，收款员应该成为财务管理工作的一份子，能够协助财务部门做好资金的管理。

（二）收款管理

1. 合理安排收款地点

体育场馆的一项重要收入来源就是向进行体育消费的公众收入费用，因此，做好收款工作是提高体育场馆经营水平，也是提高服务效率和质量的重要工作。要想做好收款工作，就需要合理安置手段地点，使消费者能够便利地进行交费活动。很多体育场馆在进行收费时，为了让消费者快捷交费，有时会设置多个收款地点。同时，如果体育场馆中的服务项目有很多种，可能也会按照项目来进行单独收费。这种方式也存在一定的缺陷：一是由于收费的地点增加，就需要增加更多的收款人员，无形中加大的收款工作的复杂度，容易让钱款的管理出现混乱；二是收款人员的增加也会提高体育场馆的管理成本。为了使体育场馆的收费工作更加规范，可以设置统一化的收款平台来进行，一般这些收费窗口会设置在场馆的出口处。如果消费者参与的项目有很多种，可以用账单的方式来进行记录，消费者在离开场馆之前，可以在出口的收费窗口进行一次性的交费。

2.设计科学的收费单据

收费单据需要能够清晰地将场馆中的消费项目、金额等以表格的方式进行记录和列举，其作用是让消费者能够了解自己的消费活动，为交费提供基本的依据，同时也能让场馆的收银人员看到消费者消费的内容和金额。单据的设计要简洁、有效，让所有使用者能够清楚看懂，既可以有利于保护消费者的权益，可以进一步提高场馆的收费管理效率。

3.加强稽核管理

稽核是场馆对于各部门的收费情况进行监督检查的措施，一般是要对账目进行核查，避免基层部门出现违规、违法情况。在大型场馆中，如果消费的项目较多，经营数目较大，就需要建立专门的稽核部门来进行统一管理。在中小型场馆内，也需要由管理层派出专门的稽核人员检查营业情况。

（三）收款员职业道德要求

由于收款员需要掌握一定数量的资金，并且在收费时需要与消费者打交道，因此，他们的职业道德对于场馆的利益和消费者的权益都是十分重要的。体育场馆在聘用收款员时，需要对他们的职业道德进行严格要求。一般来说，收款员不仅要具有相关的财务知识，还需要具有高尚的人品和道德素养，主要体现在以下方面：①具有热爱岗位的精神。收款员应该对自己的职业产生热情，不断提高自己的业务能力。②要熟悉财务工作的法律法规。要在工作中熟悉相关的政策和法规，是财务工作符合职业规范，避免出现违法乱纪问题。③要具有照章办事的职业道德。收款员的各项工作既要符合国家的财务制度和法律，也要符合单位的相关要求，使各项工作能够合法合规。④要做到公平公正。收款员在处理各项款项时，要以公正的态度来进行，做到收费项目公平合理，避免使消费者和单位的利益受到损害。⑤要具备保密精神。

财务工作涉及体育场馆单位的重要秘密，收款员在工作中收取的费用也与单位的秘密息息相关。因此，收款员要对本单位负责，不能随意向外人泄露财务机密。

收款员在于消费者的接触中，常常会掌握着大量的资金，因此经常会面临着金钱的考验。有些人往往从收款员入手，窃取相关的秘密。而收款员如果经不起诱惑，就会出现贪污、腐败或是违法乱纪的行为。因此，如果收款员没有高尚的职业道德，很容易在利益面前迷失自己，从而走上违法犯罪道路。在工作中，收款员要坚持原则，遵守法律，切实保护单位的利益；在面临外界的诱惑及威胁时，能够洁身自好，维护好个人的清白。

第二节　体育场馆费用开支管理

一、体育场馆的费用开支分类

体育场馆规模、员工数量、设施水平的不同，会导致体育场馆在费用开支上有着很大的差异。因此，体育场馆在费用管理时，应该对场馆中的具体开支情况做好分类。

（一）按性质分类

按照费用支出的性质分类，体育场馆的费用支出可分：

1. 营业成本

体育场馆在经营过程中，必然要出现经营成本，其成本主要来自几个方面：产品和服务的成本、人力资源成本和其他必要的开支等。在保障服务质量和员工待遇的情况下，不断节约成本是提高管理水平的关键。

2. 期间费用

期间费用是体育场馆营运过程中所发生的费用支出。按照费用的用途可分为：管理费用，经营过程中行政、办公的支出；财务费用，经营过程中财务管理所产生的支出；营业费用，经营的一线部门的日常支出及损耗等。

（二）按项目分类

按项目分类的方法主要是结合体育场馆的部门设置和业务工作的情况，将场馆的开支进行不同的分类。在体育场馆中，最主要的开支分类主要是场馆的设施的维护、人力资源成本和办公开支等。场馆在进行开支管理时，需要结合总体经费的情况，合理分配在不同业务领域的开支。

二、体育场馆费用开管理

体育场馆的费用开支管理主要是要坚持有章可循，本着精打细算、勤俭节约、有利工作的原则来制订计划及标准。

（一）体育场馆费用开支计划

体育场馆要针对资金的使用情况，为各项开支做好精细化的计划。计划的制定应包含以下事项：一是做好费用的时间计划。场馆的开支费用通常会以时间规律产生，例如在月度会产生员工的工资开支和其他办公事项开支；每季度需要统计整体的收支情况；在年度中会产生设备维修费用等。二是建立规范化的支出管理程序。体育场馆的日常开支需要得到管理部分的批准，并按照合法合规的流程来进行开支，管理部门和财务部门应该在支出流程的管理中履行好各自的职责。

（二）体育场馆费用开支标准

体育场馆在管理和经营过程中，需要对成本做好控制和计划，其中最主要的就是控制开支，使费用支出能够产生实际效果。为了实现科学化的管理，场馆管理部门和财务部门应建立规范化的开支标准，要确保各部门的费用使用能够按照标准来进行。标准应包含以下内容：一是各级员工的薪资标准；业务招待和差旅标准；办公环境和办公用品的使用标准；场馆设施、设备、器材等物资要素的采购与建设标准等。在制定标准后，管理部门还需要针对标准制定审批制度，按照费用的具体数额和重要性，应建立不同级别的审批流程。

第三节　体育场馆固定资产管理

一、固定资产管理概述

固定资产是指企业和其他单位长期持有和使用的具有一定价值的非货币资产。体育场馆中拥有的固定资产有很多种，除了场馆本身之外，还包括内部的各类建筑、体育器材和所属车辆、工具等。体育场馆在建设完成后，除了资金以外，其余的投资都可以算作是固定资产投资，计入固定资产的总体价值。固定资产一般都是以实物的形式存在，可以在体育场馆中使用较长的时间。固定资产在投资以后，其在使用过程中也会出现折旧和贬值，直到失去使用价值为止。因此，体育场馆在经营过程中，需要加强对固定资产的管理，使这些固定资产在使用期间内更好的发挥作用。固定资产的管理主要有以下内容：一是做好固定资产投资；二是加强固定资产的分配；三是对固定资产进行管理和维护，做好折旧的计算；四是采用科学的方法，提高资产的使用效率；五是根据消耗情况，合理进行新的固定资产建设。

二、固定资产管理分类

（一）固定资产分类

企业固定资产按其经济用途和使用情况可分为以下两大类：

1. 生产用固定资产

此类固定资产是指企业和单位中能够直接应用在生产过程中的固定资产，通产包含厂房、车间、生产设备、服务设备、运输设备等。在体育场馆中，生产用的固定资产主要是指能够直接用于体育活动中的各类资产，其中包含体育场建筑、场馆内的体育器械，还包括车辆、工具和其他用于服务消费者的建筑物等。

2. 非生产用固定资产

指非生产单位使用的各种固定资产。如职工宿舍、俱乐部、食堂、浴室等单位所使用的房屋、设备、器具等。

三、体育场馆固定资产管理特点

体育场馆因其行业所处的特殊性，其主体部分大多是由各种固定资产构成，包括房产管理、体育设备管理、备品备件管理，设备维修管理等。存在着资产种类众多，使用及维护期限长短不等的问题。将这些资产纳入科学科学有序的管理体系内，使对管理需求的实现变被动为主动，使其成为正常管理流程中的一个环节。有序高效管理的背后是对人力、时间、资源消耗的大幅度降低，这种降低正是"节流"的体现。在中国，建造体育场馆往往会有一定的时代背景，比如"八运会"修建了上海体育场、北京奥运会修建了"鸟巢"等。在体育场馆完成其预期历史使命之后，其后续利用问题就提上了议事日程，建造体育场馆的投资巨大，占地面积、日常维护的资源消耗等如果得不到有效的维护和管理，势必导致资源的浪费和资产的闲置。在体育场馆"合理开发"和"悉心维护"两者的博弈中，长期以来，往往获胜的是前者。"开源节流，持家有道"历来是中华民族的优良传统，在日益注重市场化经营的今时今日，这种优良传统不仅不应该摒弃，相反应该得到继承和发扬。之前，对体育场馆的经营维护更多侧重于"合理开发"，也就是"开源"，主要体现在一些围绕主体育场所展开的一些附加产业的发展和拓展。比如网球场、羽毛球馆的盈利经营，比如面向社区开放的篮球公园取得的社会效应。体育中心内可开设羽毛球、篮球、排球、网球等体育健身项目或各类培训班，还可根据条件设置宾馆、餐厅、多功能厅等，经营模式的多元化无疑能给体育中心带来更为广阔的生存空间，积攒其持续发展的资本。

四、体育场馆固定资产折旧

（一）固定资产折旧的概念

固定资产要想产生使用价值，就会在使用过程中不断被消耗，从而出现价值折旧的问题。而在折旧的过程中，由于这些固定资产发挥了实用价值，因此折旧的价值会转换为相应的产品和服务，从而让企业单位产生新的营业收入。人们在进行固定资产管理时，就是要让固定资产的折旧能够提高生产和服务的能力，从而产生盈利的效果。

（二）计提折旧的范围

（1）房屋及建筑物，不论是否使用，从入账的次月起就应计提折旧。（2）在用固定资产，指已经投入使用的生产设备、运输设备、仪器及实验设备等生产性固定资产以及已投入使用的非生产性固定资产。（3）季节性停用和修理停用的固定资产。（4）以融资方式租人的固定资产。（5）以经营租赁方式租出的固定资产。

（三）不计提折旧的固定资产范围

（1）除房屋及建筑物以外的未使用、不需要的固定资产。（2）以经营租赁方式租人的固定资产。（3）已提足折旧的但继续使用的固定资产，按照规定提取维护费的固定资产。（4）破产、关停企业的固定资产。连续停工一个月以上的车间和基本处于停产状态的企业，其设备均不提取折旧；生产任务不足，处于半停产状态的企业的设备，减半提取折旧。（5）提前报废的固定资产，以前已经估价单独入账的土地等，也不计提折旧。企业固定资产折旧，从固定资产投入使用月份的次月起，按月计提；停止使用的固定资产，从停用月份的次月起，停止计提折旧。

（四）固定资产折旧的方法

1. 年限平均折旧法

这是根据固定资产的预计使用年限平均折旧的方法。其特点是各年各月的折旧额相等，折旧额累计数直线上升，故又称为直线法。其计算公式为：

某项固定资产年折旧额 ＝（固定资产原值预计净残值）/

固定资产预计使用年限

预计净残值＝预计残值预计清理费用

在实际工作中，通常利用折旧率来计算固定资产折旧额。折旧率是指折旧额与固定资产原值的比率。其计算公式为：

年折旧率＝年折旧额／固定资产原值 ×100%＝（1 预计净残值率）／

固定资产预计使用年限 ×100%

月折旧率＝年折旧率／ 12

净残值率是固定资产净残值占固定资产原值的比率，按原值的3% 5%确定。

2. 工作量法

这是按照固定资产生产经营过程中所完成的工作量计提折旧的一种方法。该法是平均年限法派生出的方法，适用于各种时期使用程度不同的专业大型机械设备。计算公式如下：

按照工作小时计算折旧额：

每工作小时折旧额＝原值 ×（1 残值率）／规定的总工作小时

月折旧额＝月实际工作小时 × 每工作小时折旧额

按照台班计算折旧额：

每台班折旧额＝原值 ×（1 残值率）／规定的总工作台班数

月折旧额＝月实际工作台班 × 每台折旧额

（五）固定资产修理

1. 固定资产中小修理

中小修理是一种日常性的修理，主要是为了对固定资产进行维护，使其保持使用的功能。这种修理是在日常管理中进行的，修理的周期比较固定，而影响的范围也比较小。在修理过程中，人们所产生的各种费用也需要计入企业和单位的运行成本当中。

2. 固定资产大修理

大修理主要是在固定资产长期使用后，对固定资产进行大规模修理，以使其保持使用价值并延长使用寿命的工作。大修理不会经常进行，而是要间隔较长的时间，或是在固定资产出现较大问题的情况下进行。在一次修理中，就需要进行全面的、大规模的修理，所投入的资金也比较高。

大修理产生的费用也是企业在进行固定资产管理中非常重要的一项投资，成本管理的方式有以下几种：一是在进行大修理时，将产生的费用计入当年的财务管理当中，成为总成本的一部分。二是在大修理之前，为大修理将产生的费用进行预测，从而为其做出预算。其原因主要在于大修理产生的成本如果算入生产成本当中，可能会对当年的利润计算造成影响。为此，人们可以按照大修理进行的周期，将成本分摊到各年的财务计算当中。三是可以待摊成本。即根据大修理费用不均衡的特点，将这部分成本分摊到其他的运作成本当中。

第四节　案例——体育场馆固定资产管理
上海源深体育场签约佳克软件

上海市浦东新区源深体育发展中心（浦东体育公园），是上海规模较大、功能较齐全的三大体育中心之一，地处浦东陆家嘴金融贸易区。位于张杨路商业街东首紧邻世纪大道及地铁二号线，总占地面积 160000 平方米。中心内主要设施包括训练馆、室外网球场、室内网球馆、两万人体育场等设施。中心内还设有宾馆、餐厅、会议室、新闻中心、多功能厅等附加设施。近日，上海源深体育中心与上海佳克计算机软件有限公司正式签约，正式开始使用固定资产管理软件来系统化、规范化管理体育场馆固定资产。

在中国，建造体育场馆往往会有相应的体育比赛，比如上海体育场之于八运会，鸟巢之于北京奥运。在体育场馆完成其预期历史使命之后，其后续利用问题就提上了日程，建造体育场馆的投资巨大，占地面积、日常维护的资源消耗这些如果得不到有效的维护和管理，势必导致资源的浪费和资产的闲置。在体育场馆"合理开发"和"悉心维护"两者的博弈中，长期以来，往往获胜的是前者。

"开源节流，持家有道"历来是中华民族的优良传统，在日益注重市场化经营的今时今日，这种优良传统不仅不应该摒弃，相反，应该得到继承和发扬。之前，对体育场馆的经营维护更多侧重了"合理开发"，也就是"开源"，主要体现在一些围绕主体育场展开的一些附加产业的发展和拓展。比如网球场、羽毛球馆的盈利经营，比如面向社区开放的篮球公园取得的社会效应。源深体育中心内设有的宾馆、餐厅、多功能厅等设施，开设了羽毛球、篮球、排球、网球等体育健身项目和各类培训班。这种经营模式为源深体育中心赢得了生存的空间，积攒了发展的资本。无疑是源深体育中心经营管理团队的管理智慧的体现。

时至今日，源深体育中心成功之后，面对数量庞大的家当，该怎样管？如何管得好？是对管理智慧又一次测试。源深体育中心的选择是：不但要继续"合理开发"，同时要提升"悉心维护"的水准。要"开源"，也要"节流"。于是，佳克固定资产管理软件成为源深体育中心"节流"计划布局中的一件利器。

源深体育中心使用固定资产管理软件将固定资产纳入信息化管理的范畴内，目的是令其资产管理的水平得以提升到一个新的层次。另一方面，佳克固定资产管理软件产品化的特性以及对各行各业极强的适用性注定了其管理内涵与体育场馆管理实际的拥有众多重叠之处，可以令源深体育中心在短时间内迅速掌握管理系统的内涵本质，将管理效果实实在在呈现出来。

第四章　体育场馆质量管理

第一节　体育场馆质量管理基本内容

体育场馆服务质量管理是指体育场馆为提高服务质量而制定的质量目标和实现该目标所采取的各种手段。

一、体育场馆质量管理基本内容

（一）设施质量管理

体育场馆在对消费者进行服务过程中，体育设施是非常重要的物质基础，能够在很大程度上决定了服务质量的高低。因此，体育场馆在进行管理时，要坚持为消费者服务的宗旨，切实将体育场馆的设施向消费者开放，并按照消费者的需求提供设施的质量。其中主要体现在以下几点：①建立设施齐全的体育场馆环境。体育场馆的设施要齐全，能够满足消费者各方面的要求。设施的齐全程度不仅体现在体育器械和设施的完备，还体现在能够为消费者的活动提供完善的配套设施。其中体育设施能够让消费者更安全地使用场馆，进行体育活动，为消费者的健身娱乐活动提供更专业的支持。而其他配套设施能够让消费者更便利地使用体育场馆，带来更加舒适的体验。例如，应设置卫生间、更衣室、休息室、停车场、购物、餐饮等必要的设施。②建立更加舒适的设施环境。体育场馆使用的舒适度能够直接影响消费者的满意程度。消费者除了需要享受到专业化的体育设施，还需要在消费过程中具有舒适感，从而加强消费者的体验。例如，舒适的座椅、干净的卫生间、便利的休息环境等都是提高服务质量的关键因素。③场馆设施要功能齐全，使用安全。体育场馆要对各类设备进行维修和检查，以免出现故障，影响了消费者的体验。例如，照明、音响、播放设备要完好，能够稳定运行，体育场地和器械不能出现破损等，座椅、卫浴设备不应出现损坏等。功能齐全、安全完善的运行设备是提高消费者体验的关键细节。④提高整体环境的质量。体育场馆在进行建设和功能设计时应该注重功能性与美观度的统一，既能为消费者提供便利、专业的服务，也能给消费者带来良好的心理感受。因此，在空间设计、功能设计和装饰设计时，要注重加强科学性与艺术性的结合，让体育场馆成为美观、舒适的体育活动环境。例如，体育场馆的设施与整体空间环境要协调统一，给人带来良好的视觉感受；在装修时应体现体育、健康的主题，形成在环境氛围上的感染力；在内部装饰时要体现美观、大方的艺术特征，给消费者带来审美上的体验。

（二）服务水平

体育场馆的服务质量除了受设施条件的制约外，工作人员的服务水平也会影响消费者的体验。其中最基本的要求是工作人员要具有良好的态度，能够热情为消费者服务，切实维护消费者的权益，并提升他们对于场馆的满意度。而要想全面提高服务水平，工作人员需要下一下方面进行加强：①专业化的服务技能。消费者在参与体育活动时，通常需要在专业人员的指导下进行，从而能够逐步掌握体验体育活动的能力。为此，体育场馆需要建设一批具有专业能力的人才队伍，从而为消费者提供更好的技术服务。②提高体育赛事的观赏性。专业化的体育场馆在很多时候都需要承接职业赛事，因此，场馆管理方要为赛事的开展做好服务。而体育赛事的级别和观赏性也对场馆服务质量有很大的影响。③场馆工作人员要有良好的服务态度。工作人员要以职业精神来为消费者服务，要对消费者具有积极的服务态度。其中包括能够主动为消费者服务，待人要有礼貌、有耐心，能够切实满足消费者的各项需求。④提高服务的能力。服务人员应该以更强的职业能力为消费者服务，能够在服务过程中体现创造性，能够用各种办法帮助消费者解决困难，应对各类突发事件。为此，服务人员也要掌握各种专业知识，以便应对服务需求。例如，要掌握急救、医疗、安全保障的知识技能，在服务过程中给消费者带来安全感。⑤完善场馆的服务项目。体育场馆向消费者提供的应试综合性的服务，为此有比较完善服务项目的种类，为消费者的体验提供方便。除了基本的体育活动服务外，场馆还应针对消费者在休闲、娱乐、购物等方面的需求，提供多种类型的服务项目，让消费者能够在场馆内产生更多消费并拥有良好的体验。因此，体育场馆应该以体育活动项目为基础性的项目，提高其专业性；同时以生活服务为附加性项目，满足消费者的个人化需求。同时，体育场馆在服务项目的设置上要综合考虑体育场馆的客观条件及消费者的消费能力，要实现成本与受益的协调，还要避免过多的收费服务造成消费者满意度的降低。⑥提高服务的效率。服务效率也是加强场馆服务质量，提高消费者满意度的重要指标。效率主要是指服务人员能够用更少的时间来满足消费者的需求，从而让消费者的体验更加便利、快捷，也能够让体育场馆在运营中进一步节约时间和人力成本。为此，体育场馆应该在服务效率的提升上加强探索，采用先进的管理办法，并利用技术手段来提高效率。例如，在消费过程中，体育场馆可以引进电子支付手段来进行收费，可以大大缩减消费者的交费流程。在宣传推广过程中，快捷化的网络媒体也是提高效率的重要手段。⑦加强环境卫生与舒适度。体育场馆的工作人员都应该提高场馆活动的卫生水平，让消费者体验到健康体育。体育场馆的人流众多，容易造成很多环境卫生问题，正因如此，体育场馆中的各类器械和设备，各类环境空间都应该保持干净清洁，以免影响消费者的健康。⑧对服务形式和时间做好规划。在服务过程中，工作人员应该重视服务中的基本礼仪，给消费者带来良好的印象。同时，体育场馆还应在营业时间上做好安排，使场馆的营业时间能够与消费者参与活动的时间向适应。例如，可以在夜间和节假日期间开展更多的体育活动，便于消费者能够及时参与。

（三）环境氛围

体育活动是在消费者的体验中实现价值的，因此，环境氛围也对消费者的体验带来很大的影响，是体育场馆提高服务质量的重要因素。环境氛围能够对消费者的心理体验带来刺激作用，能够给消费者带来直观的感受，决定他们是否愿意在场馆中继续体验。环境氛围的提升，需要从几个方面入手：一是改善体育场馆的总体环境，例如，体育场馆在交通上的便利程度，场馆覆盖的人群等，还包括体育场馆内外的自然环境和人文环境的建设等；二是体育场馆的内部硬件环境，例如，体育场馆中先进的设备，舒适的体验，都会影响消费者的感受。三是体育场馆营造的体育文化环境。例如，体育竞技的水平、体育活动的效果，都会对整体的体育文化造成影响，决定消费能否全身心地投入场馆环境当中。

二、体育场馆服务质量特点

（一）综合性

体育场馆的服务具有综合性的特征，主要体现在项目多样、影响的要素比较复杂。体育场馆在向消费者开放之前，就需要在场馆建设、功能设计和项目的设置等方面做好规划。另外，体育场馆所提供的服务还需要考虑消费者的体验感受和实际需求。为此，体育场馆需要在设施、环境、项目、服务、价格等方面全面提高消费者的满意度。在实际的服务过程中，体育场馆还需要对服务人员做好建设，一方面提高服务人员的水平，另一方面还要改进服务的流程与办法。因此，需要从各个方面进行综合考虑，从而形成完善的服务体系。

（二）一次性

体育场馆所提供的产品和服务都是无形的，具有一次性服务的特点。消费者所得到的体验都是在单次的过程中完成的，即一次活动就能反应出消费者得到体验的情况，体现出服务质量的高低。当消费者再次进入体育场馆进行消费时，又会重置各方面的消费与体验。例如，消费者在场馆观赏比赛时，体育产品的产生与消费者的体验是单次、同时进行的，当比赛活动结束后，消费者的体验也随之结束。

（三）主观性

体育场馆服务质量的高低，取决于消费者的感受，具有很强的主观性特征。体育场馆为了提高服务质量而制定的各类标准与措施，都是要作用在消费者身上，并且由消费者的主观意愿决定这些服务是否能够让他们满意。因此，消费者在对服务做出评价时，通常会按照自身的直观感受来得出结论。而体育场馆的消费者来自社会的各个层面，他们具有不同的性格、兴趣或感情，对于同一种标准化服务可能会产生不同的效果。因此，体育场馆有必要在服务过程中抓住消费者的主观感受，满足消费者的需求，从而让他们能够在感性层面做出积极评价。

（四）人文性

体育场馆在向消费者提供服务时，硬件设施是基础，但人的因素是重要条件。服务人员能否引导消费者参与硬件设施的体验，能否以高水平的服务让消费者满意，是提高质量的关键。为此，在做好硬件管理的同时，体育场馆需要重视对服务人员的能力培训，让服务人员能够具有专业技术能力、有为消费者服务的热情、有高尚的职业精神。良好的人文环境和为消费者服务的精神是提高服务质量的关键。

三、体育场馆服务性工作安排

体育场馆的服务需要根据场馆的活动和场馆的日常经营来开展，在工作事项上具有复杂、多样的特点。为此，体育场馆在工作管理时，应为各项工作的开展做好计划，安排好各部门和相关人员的工作任务，并根据服务内容、按照时间顺序制定详细的工作方案。

（一）运行前的准备工作

①在体育活动开始之前，体育场馆需要按照活动的具体情况来安排服务流程，设置服务岗位。同时，管理人员应该将具体的活动计划发放给每一名

工作人员，并对工作人员进行动员和指导，要求每个部门和相关人员都能清楚知道自己的工作范围和职责。

②做好人员上的安排后，各个部门需要对体育场馆的各项设施做好检查，并布置好需要使用的工具和设备。其中最重要的是要更具赛事的相关标准布置场地，准备好各类体育器械。如果体育场承接的是大型赛事，体育场馆应该在赛事组委会的统一部署下来布置赛场。

③按照体育活动的需求，体育场馆要对电气设备进行准备，主要内容包括灯光、音响、显示屏、广告牌等电气设备。要确保用电的安全，保障各类电气设备部出现故障，排查可能出现的问题和隐患。

④针对赛事活动来做好票务工作，确定门票的类型、价钱、数量等，并结合比赛的规模来安排售票渠道。同时，体育场馆还应该对运动员、参赛人员、组委会、记者和嘉宾等重要人物的进场做好准备，布置好各项接待工作。

⑤做好安全保卫工作。体育场馆要应对好人员集聚的情况，联合社会中的各个部门做好消防、治安、防疫等各项安保工作，要使赛事的举办安全有序进行。

⑥做好接待服务工作。主要的对象是参赛的运动员和其他赛事工作人员，前来观赛的贵宾和记者等。要准备好更衣室、休息室、采访区等重要场地的安排。

（二）运行中的服务性工作

1.总体要求

（1）全体工作人员必须按时（根据活动规模提前30分钟90分钟）到达指定工作岗位。

（2）按要求穿统一服装或整洁着装，配带工作证件。

（3）服从领导，听从指挥，严格遵守各项规章制度。

（4）上班前不饮酒，不吃异味食品。

（5）坚守岗位，不擅离职守，遇意外情况要沉着冷静，听从现场指挥，积极主动地进行疏导工作。

2. 对各部门工作人员的具体要求

（1）对场地工人的要求

①按要求时间，准时打开各场地大门。

②严格执行场地的各项管理规定，维护场内秩序。

③退场后，抓紧时间清理场地，补线，以符合运行需要。

④熟练掌握当场使用及备用的专项器械的使用方法和存放位置，遇到特殊情况，能在最短时间内解决发生的问题。

⑤发现问题及时请示。

（2）对在主席台和运动员休息室工作人员的要求

①按规定着装和修饰仪容仪表。

②主动迎送宾客，举止端庄，语言文雅。

③上班前不饮酒，不吃有异味的食品。

④按规定送饮料食品。应先主后次，先外宾后内宾。送饮料时间既不能间隔时间过长，也不过于频繁。及时打扫休息室的卫生。

⑤注意饮料及食品卫生，按要求对茶具进行消毒。

⑥工作期间要坚守岗位，不干私活，不扎堆聊天，动作要轻，不大声说话。

⑦做好安全检查和巡逻工作，非工作人员和不持当场请柬者不得在主席台停留，并劝其离开现场。

（3）对守门和验票人员的要求

①熟悉本场各种票证的种类、颜色和副券号码，明确岗位责任和要求，

保管好钥匙，备好票箱，准时开门。

②验票要求站立服务，礼貌待客，坚持原则，不徇私情，凭当场有效票证入场，不准无票放人，以确保安全。

③维护好入场秩序，主动疏导观众，发现问题妥善解决，及时汇报。

④入场口值班人员要坚守岗位，不得擅离职守。

⑤观众入场后，入场门要虚掩，以便发生意外情况时疏散观众。

（4）对休息厅巡逻和场内对号人员的要求

①按规定时间准时到场。

②对号人员要做到观众人多时主动指示方向，疏导入座；人少时尽量将观众直接带到座位上。

③在规定区域内不间断地巡视，发现吸烟者要及时劝阻，不听劝阻者送有关部门处理。

④积极主动维护好入场口、通道和台阶秩序，使之随时保持畅通无阻。确保场内秩序安定有序。

（5）对机电、安保和医务人员的要求

①按规定时间准时到达指定工作岗位。

②上班前不饮酒，工作中不扎堆聊天，不在岗位上会客，坚守工作岗位。

③严格操作规程，密切观察各种机电设备的运行情况，保证各种电器线路和机械设备运行通畅，确保比赛使用。

（6）做好应急准备

各部门应按分工区域，熟悉本区内消防栓、灭火瓶和安全门所在的位置，遇有紧急情况能熟练使用消防器材，迅速组织和带领运动员、领导、外宾和观众通过指定通道及疏散口。

（三）运行结束后的整理和总结讲评工作

①各部门听到结束的广播后，应立即动员观众退场，按规定划分的区域先清人，后清物（易燃、易爆物品）。

②按照分工收拾和清理分管区内的物品，进行安全检查，并将检查结果逐级报告给有关领导。

③安全检查和清场完毕后，如无特殊情况，各部门应按照分工关闭门、窗、机器，关灯，锁好门窗，再离开工作现场。

④工作人员在清场过程中应坚持"三不走"，即观众不走完不走、易燃易爆物品未清除不走、未经领导同意不走。

⑤进行工作讲评。每次活动结束，清完场之后，由主管当日活动的领导，对当日参加活动的工作情况进行小结。小结内容的重点是，检查服务质量和劳动纪律，查明发生问题的原因，分清责任，表扬好人好事，批评失职误事的人和事。目的在于发扬成绩，纠正错误，克服不足。

四、体育场馆质量效果评估方法

（一）ABC分析法

ABC分析法是意大利经济学家巴雷特分析社会人口和社会财富的占有关系时采用的方法。美国质量管理学家朱兰把这一方法运用于质量管理。运用ABC分析法，可以找出体育场馆存在的主要质量问题。

1.ABC分析法的概念

ABC主要是按照关键少数和次要多数的评价原则进行的评估方法。需要体育场馆将各种质量问题加以分类，结合各类问题的数量和关键程度来进行量化分析。按照可能出现的主梁问题的数量和质量，将其氛围 A、B、C 等类别，查看这些问题出现的频率与数量，并且从中找出这些问题的关键性。这种方法能够帮助体育场馆解决高发的问题和重要的关键问题，从而提高管理水平。

2.ABC 分析法的程序

首先，ABC 分析法重要的前提就是能够调查出各种质量问题的信息，然后才能够进行有效分类。为此，体育场馆需要做好前期的调查工作，最好的办法就是按照消费者的反馈或是对消费者发放调查问卷，来归纳出各类问题产生的信息。

其次，在收集到足够信息后，管理人员可以结合问题涉及的内容、形式、范围等进行分类。例如，可以更具体育场馆的硬件、软件、服务、产品、项目、环境等多种情况进行分类。在分类完成中，还需要统计每种类型问题出现的频率和数量占比。

最后，在完成信息收集和分类后，再按照 ABC 法对各类问题进行分析，从而分析出需要解决的质量问题。ABC 的分类代表着各种问题的数量和发生频率。其中 A 类主要是指那些发生频率较高的问题；B 类是指那些发生频率一般的问题；C 类是指发生频率最少的一类问题。在解决问题时，重点需要解决的就是 A 类问题，通常这些问题最受消费者关注，解决以后可以有效提高消费者的满意度。另外，其他类的问题也需要体育场馆一步一步进行解决。

ABC 分析法管理法可以让体育场馆面临的复杂问题更加清晰，帮助人们解决当务之急的问题。在进行分类时，对于亟需解决的 A 类不应划分太多的项目，以便让管理人员能够看到解决问题的重点。对于一些不重要的问题，不应该放在 A 类范围内进行分析。这种问题分析方法的实用性非常广泛，不仅适用于体育场馆中的服务质量管理，还可以用于其他事项的管理。

3. 质量差距模型

在现代管理学科的发展过程中，一些管理学者探索出了质量差距的管理理论，其主要作用是分析质量问题出现的原因，从而帮助管理者找到问题的根源。这种模型主要是从企业提供的服务与消费者的实际需求之间找到差距，具体体现在以下几个方面：

第一，服务人员与消费者对提供的服务产生的认知差距。如果体育场馆在提供服务时没有对市场需求进行调查研究，就有可能与消费者的需求产生差距，使服务人员单方面地对消费者提供服务，却不能满足需求，从而引起消费者的不满，这就会影响到体育场馆的服务质量。要想解决这一问题，体育场馆就应该在推出服务之前，对目标市场进行广泛的市场调研，充分了解消费者对体育场馆的期待。同时，管理人员在设计服务产品时，也不能只按照自己的主观意愿进行，而是要从消费者的角度来思考问题。

第二，体育场馆的质量管理与消费者对质量的要求产生了差距。一般来说，体育场馆在提升服务质量时，有必要制定相应的质量管理标准，从而能够让全体员工以标准的要求来提高工作能力，提升服务水平。但如果体育场馆忽略了消费者的因素，在制定标准时就可能达不到消费者的要求。要想解决这一问题，体育场馆就应该在制定质量标准时充分考虑消费者的需求，必要时也应该参考消费者的意见。

第三，质量标准与服务实践过程中出现了偏差。工作人员在落实质量管理标准时，可能由于管理不到位，使质量标准无法达标，同样也会造成质量上的偏差。其原因主要有：一是质量标准没有可执行性，导致工作人员无法按照标准来落实服务工作；二是体育场馆的硬件条件不支持质量标准的落实；三是在质量标准制定后，缺少相应的监督机制及奖惩机制，导致各个部门和员工没有重视质量标准的落实。为了解决这些问题，体育场馆就需要以实际情况来制定标准，同时加强质量标准的落实力度，不断提高硬件条件和员工的工作能力，从而在对消费者的服务实践中不断提高质量。

第四，场馆服务与营销宣传产生的差距。产生这种差距的主要原因是：体育场馆在广告宣传时进行了虚假宣传或夸大宣传，与场馆中的实际项目不符，使消费者在体验时没有享受到宣传信息中的服务，从而导致了对体验的不满意。为了解决这些问题，体育场馆在市场营销过程中就应该与产品的服务部门进行必要沟通，避免产生不切实际的宣传效果。同时，营销人员如果在营销时对消费者做出了承诺，就需要在实际服务中将其落实下去，如一些价格上的优惠等，切实保障消费者的权益，从而达到令人满意的效果。

上述所提到的各类差距都是现代服务企业在对消费者提供产品与服务时经常出现的质量差距，使导致出现质量问题的重要原因。在体育场馆的营销管理过程中，这些问题也经常出现，需要管理人员能够加以重视，并切实解决实际中出现的问题，提高场馆服务的质量。

（二）ZD 管理法

1.ZD 管理法的含义

"ZD"是英语 Zero Defects 的缩写，其含义是指无缺点计划管理。它是 1961 年美国马丁公司奥兰分公司首先发明的。进入 20 世纪七八十年代，这种方法被美国、西欧、日本等先进国家广泛采用，并运用到服务行业和旅游企业管理中，成为现代企业管理中的一种先进方法。"无缺点"的本意并非绝对的无缺点，而是要将缺点和差错减少到最低限度。其含义包括三个要点：

（1）以"无缺点"为管理目标

无缺点管理的重要原则就是要让体育场馆在各个服务环节中都做到尽善尽美，从而使整体的服务尽可能减少失误，从而提高服务的质量。体育场馆的服务也是一个由多个环节组成的体系，例如，接待环节、专业指导环节、收费环节、营销环节等。一旦某些环节出现问题，就会影响到整体的服务质量，从而让消费者对体育场馆的服务产生怀疑。在多个环节的工作中，实现零失误几乎是不可能的，但是体育场馆依然可以将无缺点设置为管理的目标，目的是要减少失误，在每个环节中提高质量。

（2）每位员工都是主角

为了实现无缺点的质量管理目标，体育场馆需要调动所有的部门和员工，让每位员工都积极参与到质量管理工作中。为此，体育场馆要将质量管理的意识与标准融入到员工日常的工作中，让他们对质量产生明确的认知，并能够自觉地维护服务工作的质量。除了要对质量进行监督之外，体育场馆更需要加强职业道德教育和文化建设，让质量文化深入人心，从而让员工在服务工作中有意识地提高服务质量，减少工作的失误率。因此，ZD 管理可以看成使一种以预防出现质量问题为主的管理方法。

（3）充分运用激励因素，挖掘人的内在潜力

ZD 管理充分运用激励因素，强调每个员工做好本职工作的意义，激发他们的热情、勇气、创造性和责任感，挖掘人的内在潜力。

2.ZD 管理法的特点

ZD 管理方法以人为中心，以调动全体员工的积极性和做好工作的潜在意识为目的，主要有三个特点。

（1）全员性

ZD 管理不是要求体育场馆的某一部门，某些环节或个人的工作毫无任何缺点或差错，而是要使体育场馆管理和每一项工作和全体人员都将缺点和错误降到最低点。

（2）超前性

ZD 管理通过预防为主，在实际工作中减少各个环节的失误，从而提高了

整体的服务质量。因此，具有超前性或是预防性的特点。其工作的要点就是要让各个部门和各个员工都能产生质量意识和责任意识，在行动中做好自己的本职工作，主动改进自己的工作方法，最终超前性地提高整体质量。

（3）一次性

为了提高整体服务的质量，需要各个环节一次性就做好各项工作，避免因出现错误而出现返工现象。这种一次性的特征，能够帮助体育场馆提高服务效率，减少运行的成本，避免了不断修改错误的过程。

3.ZD 管理步骤

（1）拟定 ZD 管理方针

管理方针是以员工的思想意识提高为主，要让员工能够主动地认识到质量工作的重要性，自觉地提高自己的工作成效。为了实现这些目标，体育场馆可以建立相关的奖励机制，提高员工工作的积极性，同时要加强质量方面的宣传教育，并使员工能够主动地认识到自己的职责和质量发展的目标。

（2）制定 ZD 管理计划

在推行 ZD 管理方法时，体育场馆要围绕实际工作来进行，并且要针对可能出现的质量问题做好预防，使各个换进争取达到无缺点的目标。为此，体育场馆需要做好有针对性的管理计划：一是明确质量管理所涉及的范围；二是确定进行管理的部门和人员；三是围绕各种质量问题和产生的原因做好宣传教育，让员工提高质量意识；四是在服务中采取更科学有效的工作方法，防止出现质量上的失误。

（3）开展 ZD 小组活动

为了推进 ZD 管理工作方法，体育场馆可以采取小组活动的方式来进行，从而达到互相监督、互相提高的效果。具体可以体现在以下几个方面：①对各个环节的工作人员进行分组，明确各个小组和小组各个成员的无缺点目标。

②采取小组责任制，让组内的成员能够意识到自己工作对于小组工作成果的影响，从而使每个成员都能尽职尽责地做好工作。③采用一次性原则进行工作，让小组成员能够在每项工作中提高质量，达到预防为主的效果。④加强小组内部沟通，由组长组织成员经常性进行交流，互相之间找出工作中的差错，并对整体工作成效的提高发表自己的见解，利用信息交流和互相学习来避免工作失误。⑤在小组内建立激励机制，从而提高小组成员提高质量的积极性。对于工作出色的成员要给予奖励，从而激励其他成员能够做好本职工作，提高自己的工作能力。⑥体育场馆应以小组为单位进行综合评比，并建立表彰制度，对工作出色的小组进行整体奖励，推动其他小组做好各个环节的工作。在互相竞争的作用下，可以有效提高整体的服务质量。

（4）ZD 管理效果考核

在采用 ZD 管理方法时，体育场馆应该针对这种方法的效果建立考核机制，目的是检测使用新的方法之后是否有效提高了服务质量。针对 ZD 管理方法的特性，考核应该采取以下几项措施：①考核各个工作中发生的失误率是否能够达到零失误或接近零失误。②考核各个部门和员工是否落实了 ZD 管理工作方法，在执行过程中是否遇到了难题。③采用这种方法后，要查看员工是否能够认可，考核员工的积极性是否得到了有效提升。如果新的方法贯彻不下去，说明其可能在某些环节无法适应本单位的实际情况，或是宣传教育不够到位。④从场馆的经济收益变化考核 ZD 管理方法的有效性。需要重点查看场馆的运行成本与实际营业额之间的关系，查看新的方法是否帮助场馆获得了收益。⑤从消费者的反馈来考核体育场馆质量提升情况，尤其是要关注消费者对质量问题的投诉情况，要确保 ZD 管理能够切实提高消费者的满意度。

第二节 体育场馆质量标准设计

一、体育场馆服务设计

体育场馆服务设计都需要结合质量管理来进行，质量管理就是要让体育场馆能够达到一定的体育活动标准，承接相应的体育活动，并且能够在服务过程中让消费者满意，在获得经营收益的过程中要切实维护消费者的权益，让消费者得到与其消费预期向符合的产品及服务。服务设计是提高服务质量的重要因素，决定了消费者在体育场馆中能够得到哪些体验，也会同时影响到服务人员的工作方式以及服务态度等。

（一）服务功能设计

体育场馆是城市当中的公共基础设施，其服务功能也是多方面的。一是在经济功能上，体育场馆可以作为一种独特的体育文化产品向消费者服务。这需要体育场馆做好服务产品设计，满足消费者的需求，面向市场进行营销，从而在体育市场中获得利润。二是在社会功能上，体育场馆要体现体育文化设施的功能，能够体现承接体育赛事和其他文化活动的平台功能，向大众传播体育文化。无论是经济功能还是社会功能，体育场馆都需要面向大众开展服务，以体现公共基础设施的价值，为此，我们可以将体育场馆的功能划分为核心功能、辅助功能和延伸功能三个类别。体育场馆在管理过程中，也应该按照三个类别的功能进行服务设计，全面满足消费者的需求，并且使体育场馆的服务质量得以提高，使体育场馆的竞争力得到充分体现。

（二）核心功能的设计

核心功能是体育场馆能够为消费者所提供的最基本的服务，是消费者能够来到体育场馆进行消费的最本质的原因。体育场馆就其性质来说，能够为消费者提供的最基础服务就是与体育和文化相关的体验活动，例如，赛事观赏、文艺演出、体育健身和体育娱乐等活动。消费者来到体育场馆的根本目的就是就是能够获得观赏体育赛事和文化演出的机会，或是亲身体验体育健身项目，满足健康和娱乐的需求。基于体育场馆的功能和消费者需求，体育场馆在进行服务功能设计时，要明确自己的核心功能，围绕消费者的体验来设计相关的产品及服务。只有抓住消费者的核心诉求，才能对消费者产生基本的吸引力，其他经营活动才能继续进行。

体育场馆在设计核心功能时，需要结合市场调研，了解消费者的需求，让相关的体育功能与消费者的消费期待保持同步。具体来说，同样是体育健身和体育赛事观赏等核心诉求，不同消费者的期待值也是不同的，因此体育场馆有必要对这些核心功能进行深入设计。体育场馆可以按照消费者的消费水平来设计出不同层次的体验项目，例如，对于一般消费者来说，能在体育场馆得到体育文化活动的体验是最基本的需求，他们需要的是用较为低廉的价格享受到亲身到现场观看比赛的感觉，因此，体育场馆就不需要对核心功能附加过多的服务。对于一些高消费群体来说，进入体育场馆观看体育活动只是其消费需求的一个方面，他们对于舒适的环境还由进一步需求，因此，体育场馆就需要扩展核心功能的范围，吸引这些有高消费能力的群体。可见，即使是体育场馆的核心功能，也是需要针对消费者的诉求来采取不同的设计，从而能够切实满足消费者的需求，让消费者产生购买的动力。

（三）辅助功能的设计

辅助功能是对核心功能的必要补充，能够让消费者产生更多的体验，获得进一步的满足，并且使体育场馆的服务附加值得到提高。辅助功能包含两个部分的内容：一是体育场馆为了进行服务和满足消费者基本需求所必须设置的服务功能设计。例如，收银服务、洗漱和卫生间、休息室、停车场等服务功能。此类可能也可以看作是一种配套功能，有些是需要免费提供的，如果缺少这些功能，体育场馆的服务效果将会大受影响。二是围绕核心功能而拓展出来的辅助服务功能。例如，除了参与和体验体育活动外，消费者还会在体育场馆内产生休闲、购物、娱乐、餐饮的需求，为此，体育场馆可以根据实际情况和消费需求适度拓展这些功能，从而让消费者得到全面的体验。随着辅助服务功能逐渐完善，体育场馆可以围绕体育文化，进一步发展成为服务链条高度扩展的城市生活综合体。

（四）延伸功能的设计

延伸功能是体育场馆为了提高消费者满意度、满足消费者个性需求或是拓展消费市场而制订的额外服务功能设计。这些功能一般在整体的服务框架之外，通常是一种临时性的服务措施。延伸功能的设计和推行通常会给消费者带来超出预期的服务，让消费者能够产生更好的体验，从而对体育场馆产生更高的评价。例如，体育场馆为了扩大门票销售量采取的优惠措施，为了维护客源进行的会员制服务等，都属于延伸性的服务功能。延伸功能的设计和实施，能够让体育场馆体现特色化经营，有助于提高场馆的竞争力。

二、体育场馆服务产品设计

在做好体育场馆的功能定位和功能设计后，体育场馆需围绕其功能做好服务产品设计。由于体育场馆的功能是复杂多样的，因此，其服务产品通常要以组合的形式推向市场。在体育文化市场中，结构单一的产品难以打动消费者，只有通过产品的组合才能提高消费者的购买欲望。产品组合的设计需要结合体育场馆的客观条件、目标市场的诉求来进行，并且要让体育场馆的核心功能挖掘出来，形成差异化的产品种类，能够满足不同层次消费者的差异化需求。服务产品组合的设计，必须遵循以下准则：

（一）适应需求

体育场馆产品的设计必须能够适应消费者的需求，否则这些产品被设计出来也不会产生真正的价值，反而会增加体育场馆的运营成本。了解消费者需求需要体育场馆管理人员能够充分做出市场调研，并对消费者群体做出细分，按照他们的消费能力和消费习惯来退出不同的产品组合。从整体上来看，体育消费者的需求主要有以下几个方面的特点：一是寻求基本的体育活动体验，主要是指消费者进入体育场馆后，就需要得到在体育活动方面的体验，如健身、娱乐及观看比赛等。体育场馆要将这些服务产品设计好。二是对拓展功能的需求，即消费者在体育场馆中能够体验到更多的需求项目，产生进一步的消费，如餐饮、购物和其他娱乐项目的提供等。三是消费者会根据自己消费意愿和消费能力来进行消费。在价格方面，消费者希望得到与自己的支出向匹配的服务。在消费意愿方面，许多消费者会对体育场馆的环境和功能多样性产生更多的需求。四是对服务质量的有着更高的要求。体育场馆作为一种服务设施，其服务质量能够影响消费者的消费动力。消费者在购买任何产品和服务时，就需要得到更好的质量保证。因此，工作人员的服务能力和服务态度对产品设计有着重要影响。按照消费者需求的特点，体育场馆在进行产品设计时，就需要考虑消费者多方面的诉求，推出与消费者的意愿和能力向适应的产品组合，让他们能够体验到不同类型的服务项目。

（二）顾及成本

体育场馆在设计服务产品时，要结合场馆的客观条件来进行，其中最重要的就是要考虑产品的生产成本。体育场馆的成本主要体现在硬件设施的配套和人工成本等方面，如果设计出的服务产品需要体育场馆更新大量的设备，或是消耗大量的人工，这种产品就有可能因为成本过高而无法获得盈利。产品的生产成本也会影响到消费者的消费成本，如果生产成本过高，消费者就被迫需要花费更高的价格来进行消费。当价格超出了消费者的实际体验后，消费者就会失去消费的意愿。而时间成本也是需要重点考虑的内容，如果服务产品需要消耗消费者更多的时间来体验，消费者也会产生不满。同时，过高的时间成本也会影响体育场馆的经营效率，使实际收益的效果严重受阻。

（三）保证品质

体育场馆设计出的服务产品组合不能粗制滥造，而是要保障基本的品质。其中包含两个层面的含义，一是产品本身具有较高的品质，即硬件设施良好、环境优异、消费者购买的实物产品也要保证品质，不得出现以次充好的行为。二是场馆提供的服务具有更好的质量。体育场馆的产品需要通过服务人员与消费者的接触来进行消费与体验，因此，服务人员的服务水平和服务态度直接决定了产品的质量。只有消费者获得了良好的服务体验，这些产品才会产生真正的服务价值。因此，除了高品质的环境建设、硬件设施建设外，体育场馆还需着重对相关人员的服务能力进行培养，服务人员要以良好的态度对消费者提供服务，充分满足消费者的各项需求，能够让消费者在进行消费时获得舒适、安全和贴心的心理体验。

（四）注重特色

随着我国体育市场的繁荣发展，各地区体育场馆设施建设的不断增加，体育场馆在市场中的竞争压力也越来也大。为了维护体育场馆的目标市场，提高场馆的经营能力，体育场馆在进行产品设计时也要体现特色化的设计，即要让自己的产品组合在整体市场环境中突出差异性，避免同质化，能够对消费者产生更好的吸引力。体育场馆的产品组合中，大部分项目都是无形的服务产品，很难在技术层面上体现特色，当体育场馆的竞争对手增加时，这些无形产品就很容易出现同质化的发展部趋势。因此，体育场馆在产品设计上需要重视创新，充分体现本场馆的服务特色。特色化产品的设计需要通过以下方式进行：一是结合体育场馆的硬件优势来设计特色产品，从而让消费者获得更好的体验；二是发挥情感消费的优势，将服务质量的提高与情感结合起来，使服务人员与消费者建立更深层次的联系。例如，在场馆内建立更好的人际交往环境，满足消费者沟通、交际的需求，营造更好的情感氛围，使消费者对场馆产生依赖性；三是发挥文化的优势，创造产品特色。体育场馆可以结合本地特色或是社会中新的文化潮流来设计产品，将新的文化和生活方式注入到体育产品的体验中，给消费者带来新奇感，引导消费者产生更适合自己的消费生活方式。例如，体育场馆可以将我国的传统体育文化进行设计和开发，使其与消费者的健康、休闲生活联系起来，发挥传统体育文化的参与性、趣味性等特色，丰富场馆的体育产品类型。

三、体育场馆质量标准设计

（一）标准的含义

所谓标准就是对重复性事物和概念所作的统一规定，以科学、技术和实践经验的成果为基础，经有关方面协商一致，由主管机构批准，以特定的形式发布，作为共同遵守的准则和依据。标准化则是在实践活动中对重复性事物与概念实施统一标准，以获得最佳秩序和效益的活动。服务标准化就是强调体育场馆各部门、各岗位、每位员工的服务质量标准的集中统一。

（二）标准的类别

服务标准化是体育场馆优质服务的基础。根据标准的适用领域和有效范围，我国把标准分为三级：一是国家级标准，由国家标准化主管机构批准、发布，如保龄球馆星级评定标准，属全国统一标准。二是专业（部）标准，是由专业标准的主管机构或专业标准化组织批准、发布的，是某专业范围的统一标准，如体育场馆安全防火标准。三是企业（地方）标准，是由企事业单位或其他上级有关机构批准发布的标准。目前，地方标准属于企业标准一级。

在国际体育市场中，体育场馆的服务质量还有相关的国际标准与地区标准。例如，体育场馆在承接国际性的比赛时，就需要按照国际标准或洲际标准来提供服务。体育场馆地等级的服务标准不应与高等级的标准产生冲突，否则就会影响体育场馆的进一步发展。体育场馆在落实服务标准化的过程中，应该紧密结合国际或国家的高等标准，按照本地的实际情况，为自身的发展制订可执行的管理标准，以便使各个部门和员工都能认同，并按照标准提高工作质量。在制订内部标准时，应该重点关注几个方面的内容：一是岗位职责标准，要按照上级标准提出的相关原则，明确内部各个部门和员工的主要职责，做好人员的分工，使工作方法与服务流程实现规范化、科学化。二是明确技术标准。要对体育场馆的硬件设备、服务产品的质量做出明确规定，使其达到一定的要求。例如，体育场馆建筑的建设标准、体育设备和器械的质量标准、销售产品的品质达标等。同时，还要对相关人员所掌握的技能做出明确规定，确保服务人员能够为消费者提供专业技术服务。三是制订管理和服务的标准。要让体育场的管理合法合规，形成规范化的体系，体育场所提供的服务也能够达到体育活动的要求。

（三）标准的制定

体育场馆在制订服务标准的过程中，应该达到相关的要求：①满足消费者的需求，提高服务质量。服务标准要顾及消费者的体验，以让消费者满意为具体的标准。②标准体系要明确工作职责，具有可行性。要让全体员工能够认同已制订的标准，能够按照标准来履行各自的职责。如果得不到员工的认可，或是让员工在实际工作中无法落实，那么服务标准就失去了效用。③标准的制订要形成可量化的指标。要将各项工作的环节能够进行分解，从量化的角度来做出明确规定，以可衡量的指标做出评价。对于不可量化的部分，也要做出明文规定。④标准体系要包含评价考核的内容，使标准能够得到落实。同时，要根据实际工作经验不断完善服务标准。

四、体育场馆服务质量控制体系

体育场馆服务质量控制体系的建设就是为了落实服务质量标准，通过制度建设和组织保障，形成的质量管理体系。这一体系的建设就是要在管理人员和各个部门的密切合作下，将服务质量落实到各个工作环节中，并采取先进的方法，提高场馆服务质量，实现场馆的长久发展。

（一）领导职责

体育场馆质量控制体系的形成需要在管理人员的主导下进行，要让决策层能够认识到质量管理的重要性，用积极的态度来加强场馆的管理。体育场馆的主要工作一般由经理来负责，需要对质量标准的制订和管理方法的落实做出有效决策。其职责主要包括：一是组建质量控制体系的管理层，为服务质量的提高调动各方面资源；二是管理和调控各部门的工作，对各个部门部署工作的任务，对各个部门的工作进行监督和审核；三是在决策过程中，重视成本与收益，实现体育场馆的良性发展。

（二）组织机构

在形成体育场馆的质量体系时，要在相关领导的带领下，组建质量控制的组织机构。这一机构可以以质量监管小组或委员会的形式运行，主要的职责就是对各个部门和员工的工作情况进行监督，充分落实质量标准体系。在场馆经理的领导下，可以在各个部门设置质量管理的负责人，促进各个环节的工作都能提高质量。同时，该机构应该密切关注消费者的反馈，找出工作中存在的问题，总结经验、改进工作，切实维护消费者权益和体育场馆的利益。

（三）质量责任和权限

在质量管理过程中，体育场馆需要动员全馆各个部门和全体人员，能够明确划分责任与权限，使场馆的管理服务工作有序进行。场馆服务的提升，不仅要求管理层具有质量观念，能够对服务质量进行监管，还要求各部门和基层服务人员具备质量意识，不断提高自己的业务能力，培养职业素养，形成全方位的质量管理体系。

（四）工作程序

质量管理的工作程序是确保各个部门和人员履行职责，提高业务能力和服务质量的重要保障。体育场馆在制定工作程序时，应将场馆各个工作环节纳入到统一的质量体系中，在各个业务领域都能发挥作用。工作程序的内容主要有以下几个方面：①让员工的日常工作形成制度化、流程化管理。场馆各部门在履行职责时，需要做出许多重复性的劳动以便维持场馆的服务秩序，维护环境的有序。场馆应该为这些工作建立制度和规范，使员工能够按照一定的标准来进行。②为质量的提升建立评价制度，主要是能够如实记录各个部门的工作情况，对各个环节进行分析，找出可以提升和改进的地方。

（五）资源和人员

体育场馆要想实现提升服务质量的目标，就需要为各个环节的工作提供资源上的支持，包括资金的增加、技术的投入以及高质量人才队伍的建设等。为此，体育场馆需要提前做好规划，按照场馆的自身能力，有目的地为质量管理投入资源。影响体育场馆质量的重要资源主要在于两个方面：一方面是设备和技术，即要适应体育科技的发展，积极引进建设新的设施，购进新的体育器械，满足消费市场产生的新需求。另一方面体现在人才队伍上，即场馆服务质量的提升要通过服务人员来实现，场馆要通过招聘、培养和引进，提高管理人员、服务人员队伍的综合素质，使其具备优秀的职业精神和服务能力。

（六）质量管理文件

场馆在进行质量管理过中，形成的一系列规划、规章和工作流程等都需要以文件的形式固定下来，使其能够产生长效机制。质量管理文件可以成为具有效力的文件依据，使其与场馆的管理体系互相对应，对各部门产生约束力，并产生可以传播、教育的实际效果。各类文件也是场馆延续管理制度，改进管理方法的重要依据。

第三节　案例——上海虹口足球场质量管理成效

上海虹口足球场的前身是虹口体育场，1998 年 2 月 22 日动工，次年 3 月 14 日正式启用，是一个符合国际足联标准的专业足球场。足球场占地面积 56000 平方米，建筑面积 72557 平方米。启用当日举办了足球场建成后的第一场足球超霸杯比赛，同年的 5 月举办了第一场大型演唱会，都获得了圆满成功。

在随后的发展过程中，虹口足球场与一墙之隔的鲁迅公园合并，组建成上海市虹口足球场鲁迅公园联合发展集团。然而随着该场馆业务范围的扩大，其管理机构和人员也相应增加，原有的管理制度已经无法满足需求，导致场馆出现了一系列质量问题：如因两个机构的合并，出现了责权不明的问题，导致许多事项无人负责；管理流程不统一、不规范，只能依靠管理人员的个人能力办事，没有形成制度化管理；集团对员工的管理不规范，缺少相应的奖惩制度，无法激发员工的工作动力。

面对这些问题，新的虹口足球场以"以人为本，追求卓越"为总的目标，开始了一系列的改革，集团首先引进了国际质量标准，使场馆的各项管理工作能够拥有切实有效的依据。其次，建立了提高服务质量的应对措施，针对场馆出现的突出问题进行改进，积极吸收消费者的意见，让服务质量不断提高。再次，场馆将各项工作流程和工作经验都落实在制度文件上，推出了各领域的管理手册，并编制文件和清单，使工作流程得到了有效约束。最后，场馆明确提出了质量管理的目标，即要让安全管理达到 100%，消费者的满意率达到 95% 以上。

虹口足球场是需要承接中超赛事的大型体育场，足球赛事具有观众众多、场地要求高、合作伙伴复杂等特点。无论是足协、俱乐部、媒体、广告商，还是普通球迷，都对场馆的服务能力具有很高的要求。场馆需要为联赛准备良好的场地条件、完善的设备和安全、整洁的球场环境。尤其是在球场的安全管理、服务管理方面有着特殊的要求。因此，虹口足球场结合中超联赛的要求，在各个环节上提高了质量管理，使其成为让足球联赛和足球观众都能满意重要球场，并且通过质量管理，虹口足球场的社会影响力和经营收入都取得了明显的成效。

第五章　体育场馆物业管理

第一节　体育场馆物业管理特点

一、体育场馆物业管理概念

伴随着人类文明的进步，社会经济的发展，"早期的物业管理"逐渐演变为制度化、多元化的管理模式。现代的物业管理有广义与狭义两种界定。广义的物业管理涉及物业的生产、交换、分配、消费等环节，既包括各级政府部门的行政管理，又包括企业专业化的管理，还包括个体自发式房屋管理；狭义的物业管理仅指企业针对物业的消费环节对物业所进行的维修、养护、管理。基于此，体育场馆物业管理是指私营公司或体育场馆运营公司为维持体育场馆正常运转，对体育场馆及配套设施进行维修、管理，对体育场馆区域内的卫生、管理、治安和安全等进行的活动。

二、体育场馆物业管理特点

体育场馆作为大型社会公建项目，属于一种特殊的物业形态。我国间隔4年的大型运动会除了全运会，还有城运会、全国体育大会、民族运动会、农民运动会。这些运动会给各地场馆建设带来了生机，同时也造成了难以充分利用体育场馆的难题。随着体育场馆特别是大型体育场馆的建设，体育场馆的管理利用问题日益成为关系到其可持续发展的重大问题。

（一）体育场馆物业特点

1. 功能综合性强

随着城市商业生态的发展和完善，体育场馆的功能也得到了进一步扩展，综合功能不断加强。体育场馆不仅能够为体育赛事活动提供活动的场地，也需要适应群众体育发展的要求，为广大群众提供健身娱乐服务。同时，体育场馆还可以发挥场地优势，承接大型文艺活动举办。体育的综合功能使其有条件成为城市商业的综合体，吸收各类休闲娱乐的商业业态。在大中型城市中，一般会围绕体育场馆形成综合性的商圈。

2. 设施设备齐全

体育场馆为了满足各类体育赛事活动和商业活动的需求，在设施设备上都需要形成完善的体统，从而形成多功能的公共设施。高标准的体育场馆除了基本的设施外，要需要具备智能化控制系统、拥有高速的通信网络、先进的电子设备等。同时，在门票销售和检票，在安检等方面体育场馆也需要高标准建设，以便满足大型赛事活动的要求。因此，体育场馆的设备十分先进，拥有很高的技术水平。

3. 使用功能多元化

现代体育场馆的主要功能是为体育比赛提供专业化的场地，如田径、足球比赛等，同时也可用于大型商业演出、大型集会、会展等，呈现使用功能多元化的态势。

4.人性化设计程度高

现代体育追求的是以人为本的原则，在体育文化中要充分弘扬人性化的基本价值观。这些内容在体育场馆的建设中能够充分体现出来。例如，场馆在建设中，要充分满足大量观众的基本需求，同时要充分为特殊群体和弱势群体做好服务。如在特殊通道、专用看台的建设方面都有相关的要求。体育场馆在建设和运营中，也要结合观众的消费层次来提供服务，既要满足普通消费者的需求，也要满足高层次消费者的需求。

5.配套商业网点密度大

城市当中的体育场馆在城市经济的影响下，已经成为重要的商业地标。由于体育场馆具有人流量密集的特点，城市一般会围绕体育场馆布局交通网络和通信网络。各类商业网点也会围绕体育场馆来集聚，从而形成了重要的城市商圈。体育场馆在管理过程中，也需要具有一定的配套能力，并且能够对大量人群和车辆进行管理。

6.新闻传媒设施齐全

大型的体育赛事活动一般都会与新闻媒体进行紧密合作，使体育信息能够借助媒体的作用得到快速传播。重要的赛事活动还会得到电视媒体及网络媒体的现场直播，从而让更多的观众能够实时收看比赛现场实况。体育与新闻媒体的联合是体育快速发展的重要因素，因此，作为承接体育赛事的体育场馆，也需要为媒体活动提供专业化服务。体育场馆需要引进先进的媒体设备、网络通信设备，为新闻媒体的活动提供支持，同时，要为各类广告的投放布置相应的设备和平台。功能齐全的传播设备，能够为体育场馆带来更多的收入来源，并体现体育场馆服务的质量。

（二）体育场馆物业管理特点

1. 管理内容多元化

伴随着社会主义市场经济和体育产业的蓬勃发展，现代体育场馆大多具备融体育竞赛、健康娱乐、文艺演出、旅游休闲、商务、会展等功能于一体的多元化运营功能。相应的，体育场馆物业管理项目也呈现多元化的特点，要求物业管理人员能够根据情况的变化统筹协调，合理配置管理资源。

2. 管理架构多样化

现代体育场馆物业的使用与其他一般物业有很大区别。体育场馆的物业使用分布不均衡，它的物业维护保养分散而周期长，物业使用集中而周期短。因此，体育场馆的物业管理组织架构比较灵活，根据实际情况，可以分为日常管理工作组织架构和大型活动组织架构两种：

（1）日常管理工作组织架构

日常管理工作的组织架构各部门设置及职能如下：环境部，负责场馆区域范围内保洁，并协调与环卫部门的关系。场馆服务部，负责体育场馆内草坪、跑道的日常维护和大型赛事、活动期间的服务保障。信息技术部，负责体育场馆网络通信、智能化控制部分的日常维修保养，并保证大型赛事、活动期间监控系统、音响等正常运行。机电工程部，负责体育场馆机电设备部分的日常维修保养，并保证大型赛事、活动期间电梯、空调等的正常运行。

（2）大型赛事、活动保障工作组织架构

日常管理工作组织架构各部门设置及职能如下：接待服务组：负责主、客队训练、比赛，以及各级领导、官员、教练员、球员、来宾、记者等人员的接待服务工作；负责部分售票工作。保洁组：负责除外场以外全部区域的环境卫生工作。机电设备组：负责各种机电设备设施安全运行工作。弱电组：负责各种弱电设备设施的安全运行保障工作及服务收费工作。场地保障服务组：负责比赛场地设备设施的安装管理工作。检票组：负责各检票口检票工作。车辆管理组：负责体育中心外停车场车辆停放秩序维护及交通疏导。综合保障组：负责公司支援人员及体育中心管理处人员的交通、饮食等生活保障工作；负责采购比赛所需的各项用品、工具、备件、耗材等；负责收集赛事信息及工作进展情况。

3.管理人员专业化

现代体育场馆建筑规模大，设施设备多、科技含量高、客户群体广等一系列特点，要求每个工作领域的体育场馆物业管理人员都要具备相应的专业知识和专业技能。

（1）体育专业管理人才

如何正确使用体育场地、管理体育器材、组织体育赛事，这一系列问题都需要具备体育运动专业知识的专业人才来解决。

（2）具备专业场地维护管理人才

比如游泳池、运动场草坪都是现代体育场馆的重要设施，本身价值就不菲，如果不能配备专业场地日常维护、管理人员，容易造成设施维护不当，就会令体育场馆蒙受巨大的经济损失，对体育场馆的声誉也会造成不可挽回的影响。

（3）具备专业高科技人才

体育场馆的电子屏幕、灯光、音响设备、通讯设备、机电设备等每个环节的工作，都要求专业人才持证上岗，能够熟练进行设备日常维护与维修。

（4）储备高素质的礼仪服务专业人才

现代体育场馆客户源广泛而复杂，包括运动员、教练、裁判员、观众、记者、影视歌明星、演出公司、记者、经销商等，这就要求体育场馆的礼仪服务人员要具备较高的综合素质。

4.管理过程动态化

体育场馆物业管理不同于一般物业管理，各类性质、规模不同的活动交替在体育场馆进行，只有建立有针对不同场合、不同要求的动态管理机制，才能积极有效应对管理需求。

（1）对日常管理的规章制度是动态化管理的基础。虽然体育场馆的日常管理工作量相对较小，但针对各个工作机构和工作岗位的规章制度不可缺失。管理制度是工作秩序和工作绩效的保障，一个体育场馆日常管理规章制度贯彻落实的效果直接影响着体育场馆的经营效益。

（2）对不同大型活动的管理方案是动态化管理的关键。不同性质大型活动需要不同的物业管理方案。在现代信息社会，大型赛事、活动的举办，均有电视现场直播、新闻记者的现场采访，会有国际、国家、地方组织官员的光临，一旦出现任何工作失误，负面消息就会被即时传播，给地区甚至国家形象带来无法挽回的损失。因此，现代体育场馆大型赛事、活动时期的运行管理需要事先制订周密的计划，并提前做好相应的安排部署、沟通协调工作，确保各项工作万无一失。

（3）对大型活动突发事件的应急预案是动态化管理的保障。制定机电设施设备的应急预案。体育场馆的机电设施设备除了保证日常的维护外，在每次活动前，制定演练计划并进行实操演习是必须要做的工作。以确保在活动进行中各设备的运行万无一失，并能随时启动应急设备。安全保卫工作的应急预案。在大型活动前后，体育场馆面临着人流、物流、信息流的高度集中，要求安保人员不仅要具备高度的工作责任感和训练有素的专业安全管理技能，还要能够实时监测体育场馆内设备设施的安全、观众的安全、贵宾的安全和工作人员的安全，随时准备应对突发的安全事件，同时要与相关安全管理机构建立密切有效的信息沟通，才能有效保证活动期间人、财、物的安全。

第二节　体育场馆物业管理内容与要求

一、体育场馆物业管理内容

（一）卫生管理内容

体育场馆是供公众从事社会活动的大型公共场所，其卫生情况的优劣与人民群众的健康息息相关。尤其是对一个大容纳量的体育场馆，保洁面广、工作量大，工作任务集中，且在赛事、活动期间，要根据不同功能区域采取不同的保洁标准和程序，才能确保大型赛事、活动顺利进行。体育场馆的卫生管理主要涉及以下几个方面：

1. 公共卫生间管理主要内容

每天必须全面清洁场馆区域内洗手间、便池、洗手盆；地面应定期清洗，随时冲洗，在大型活动时务必注意循环保洁；洗手间内发现烟头、纸屑及其他杂物、污渍时，要及时进行清洁，更换垃圾袋；定时喷空气清新剂，使卫生间无异味；地面无积水，坐厕、洗手盆、尿槽无积尘、无污渍，天花板无蜘蛛网、无积尘；镜面、墙面、金属等无水渍、污渍，光亮并干燥；注意维修事项及时处理，以确保设备、设施的完好。

2. 各类地面卫生管理主要内容

场馆门厅要循环清扫，要保持地面无烟头、杂物、纸屑，被汽车轮胎带到门前的泥沙等要及时清理干净，门前地面要定期清洁，停车场每天定时冲洗，随时清扫，保持整洁。大厅注意日常除尘，每天保持整洁、无污渍，定期清洗地面、打蜡。

公共场所的走廊、过道、楼梯的日常保洁。大理石、瓷砖等硬质地面，要求表面及其接缝清洁干净，落蜡匀称光亮，水泥地面干净无损坏，墙角线、地角线及顾客易发现的地方无积尘、杂物、污渍等。

3. 玻璃金属类卫生管理主要内容

每班各岗位必须对自管区域内的玻璃进行擦拭或用清洁器进行擦拭，要求无水渍、污渍、尘渍，达到玻璃光洁明亮。对铜、不锈钢及其他金属材料制成的装饰、栏杆、指示牌、台架、灯座等用专业清洁剂擦亮，要求无锈痕、污渍、手印等。各类金属擦拭时，必须按纹理进行，切勿用硬物刮铲，以防人为性的损坏。玻璃门、窗、幕墙、镜面等要求洁净无瑕，玻璃趟槽、窗门趟槽要求干净、无积尘、无沙粒。

4. 综合类卫生管理主要内容

墙面、墙底干净，无污渍、无破损、无脱胶，大理石瓷片、瓷砖、塑料板墙等干净明亮、整洁，木板墙、胶合板墙、各种雕饰、金属装饰的墙、门窗、挂篓等洁净无积尘、无脱漆等。花槽、花盆内无杂物、烟头、纸屑、口香糖胶等，摆花周围保持洁净，叶片无积尘等。各种悬挂指示牌、天灯筒灯、射灯、装饰灯及装饰物要求干净、整洁、无积尘、无污渍，天花板无蜘蛛网。

5. 设备类卫生管理主要内容

保持场馆内基本设备、设施、电器、工具的整洁完好。若有维修事项应及时上报或与有关部门联系处理。

（二）场地管理内容

制定保洁流程，操作保洁工具，对场地表面进行除尘和清理杂物等。测画、布置、检验常用场地。对常用场地进行专项养护。绘制常用场地体育比赛器材布置示意图，组织并实施综合性体育活动器材布置。对常用器材进行例行保养，对常用场地器材的轻微损坏进行修复，对常用场地器材的常见故障进行诊断和排除。发放和回收器材，制定场地器材更新或零件更换计划。大型活动的重要数据信息管理。专用、公共设备操作：完成常用场地专用、公共设备操作。

（三）绿化管理内容

安排绿化工作人员的养护工作。负责管理好体育场馆辖区应养护的花草、树木。做好花草树木的防病防虫和抗旱、抗涝、保湿、保温工作，负责组织实施花草树木的繁殖、选种、嫁接与培管。做好体育场馆重大活动的花景布置工作。

（四）物资管理内容

负责体育场馆仪器设备场地等的总计划、采购、配置工作。负责固定资产管理，对仪器设备的使用、调配、报损、报废等进行全过程管理；负责设备技术指标的收集整理工作，做好设备采购论证、技术验收等工作。负责体育场馆仓储物资的账目会计管理工作。大型活动进出物资的物流管理工作。

二、体育场馆物业管理要求

（一）卫生管理要求

体育场馆的卫生状况是影响其经营状况的基本因素。作为大型公建设施，体育馆必须严格执行国家《公共场所卫生管理条例》和《体育馆卫生标准》

中卫生管理和卫生要求的相关规定，达到清洁舒适、统一标准的管理目标，才能更好地为体育场馆创造效益，为人民群众的身心健康服务。

（二）场地管理要求

体育场馆场地管理要依据《中华人民共和国体育法》《中华人民共和国环境保护法》以及公共场所卫生、防疫、消防、治安等法规的相关规定进行。体育场馆中最核心的要件就是为体育活动提供支持的运动场地。场地的功能性质决定的场馆的规模和类型。而不同的体育项目都需要具有符合运动要求的场地，大部分场地都需要进行高规格的建设和管理，并且还需要配套完善的设施和环境。因此，场地的管理维护是场馆物业管理的核心，需要场馆投入大量的资源，采取先进的管理办法来进行。

（1）信息化管理

随着信息技术在体育领域的使用，场馆也需要对场地实行信息化管理，用大数据等手段对场地信息进行分析，并合理规划场地的维护、开放和使用情况。

（2）制度化管理

为了使场地的利用高效，维护场地的使用寿命，节约场地的管理成本，场馆应针对场地管理制订相应的制度规范。一是要建立规范科学的维护制度，使场地情况和场地内的设备都能得到有序管理。二是对场地工作人员做出工作要求，明确相关部门和人员的责任。三是对场地的开放与经营建立规章制度，一方面要满足体育赛事和消费者的使用；另一方面要对进入场地的人员做出严格规定，保障场地的使用安全。

（3）技术化管理

场地的管理需要在科学的技术手段下进行，场馆应该对场地的维护和使用制定详细的技术规范和操作规范，使相关人员能够按照具体要求来进行管理。技术规范需包含场地条件的维护；场地草坪、地板、塑胶地面等设施的维护；场地所使用的体育器械维护；场地的电器和其他设备维护等。同时，场馆应要求管理人员具备相应的技术条件，确保管理人员能够用专业化的方法来进行场地维护。

（三）绿化管理要求

"绿色奥运"是 2008 年北京奥运会的三大主题之一，北京奥运会为中国和世界体育留下了一份丰厚的环境保护遗产：奥运会绿色建筑示范工程、举办大型运动会新的环境管理模式、公众积极参与环保工作的机制、北京环境的持续改善。体育让"绿色""环保"等理念深入人心。实现体育场馆环境可持续的绿化管理是实现"绿色""环保"理念的重要工作之一。体育场馆绿化管理要求为编制体育场馆绿化美化规划和分期实施方案，并具体组织实施，建立对绿化人员、绿化设备、绿化工具的统一管理制度，注重加强绿化日常管理与维护，注重开展爱护花草树木、环境保护的宣传教育活动，拟定相应的管理制度，并严格执行。

（四）物资管理要求

场地的物质管理应该符合以下要求：一是做好物资的合理配置，在物资管理过程中，应该根据场地的需要来进行，高效记录物资情况信息，使物质在使用过程中能够公开透明。二是做好物资采购，物资要能够适应体育场馆的发展，采购过程中应做好经费的管理。三是为物资的管理做好规划。应该按照场馆的发展情况，分阶段做好物资的管理工作。

（五）租户管理要求

体育场馆在面向社会出租的过程中，也应做好租户的管理。租户可能来自两个方面，一是社会团体租户；二是企业租户。在选择租户的过程中，场馆不能只注重企业带来的经济效益，还要顾及居民的体育健身需求，应使社会团体、居民组织对场馆的需求得到满足。在租户管理中，场馆还应该注意以下事项：①要让租户对场馆的使用及经营合法合规，要符合国家和地方的法律、政策要求。②与租户建立良好关系，形成长效合作机制。③做好对租户的服务，提高场馆的经营能力。

第三节　案例——水立方的物业管理

2008 年奥运会期间，水立方承担游泳、跳水、花样游泳等比赛，其可容纳观众坐席 17000 个，其中永久观众坐席 6000 个，奥运会期间临时坐席 11000 个，有 42 枚金牌在这个场馆产生。

"水立方"在设计、实施过程中，处处体现了人文关怀。直饮水设备、多语言智能引导系统、无障碍设施、花样游泳水下音响系统等技术，皆为观众和运动员提供舒适、安全的比赛和观赛环境。因科技含量颇高，这里是北京奥运会出现世界纪录最多的地方。泳池换水自动控制为确保"水立方"的水质达到国际泳联最新卫生标准，泳池的水将采用"砂滤—臭氧—活性炭净水"工艺，全部用臭氧消毒。此外，泳池换水还将全程采用自动控制技术，提高净水系统运行效率，降低净水药剂和电力的消耗，可以节约泳池补水量 50% 以上。此外，泳池和水上游乐池将采用防渗混凝土以防渗漏。洗澡水用于冲厕及灌溉除了泳池用水，"水立方"的其他用水也十分节约。洗浴等废水，将经过生物接触氧化、过滤，再用活性炭吸附并消毒后，用于场馆内便器冲洗、车库地面的冲洗以及室外绿化灌溉。仅此一项就可每年节约用水 44530 吨水。此外，为了减少水的蒸发量，"水立方"的室外绿地将在夜间进行灌溉，采用外国的微灌喷头，建成后可以节约用水 5%。卫生洁具设水表计水量为尽可能减少人们在使用时对水的浪费，"水立方"对便器、沐浴龙头、面盆等设备均采用感应式的冲洗阀，合理控制卫生洁具的出水量，并在各集中用水点设置水表，计量用水量。预计通过这些措施，可以节水 10% 左右。除了浴池用水，"水立方"还将在比赛大厅设立饮水处，为运动员和观众提供饮用水。为避免饮水的二次污染，避免浪费，"水立方"的饮用水将采用末端直饮水处理设备。

　　水立方的物业管理的另一项重要工作是规范服务人员接待礼仪，提升服务形象。经理说："我们对服务员进行接待礼仪培训包括气质的培养训练。如何正确使用手势语、如何掌握倾听技巧、如何赞美别人等。如何规范接待礼仪？原则上，服务人员的仪表修饰要与性别年龄相适应，与容貌相适应，与身体造型相适应，与个性气质相适应，与职业身份相适应；在着装方面，我们要求统一工装、衬衫，配工牌，服装不可有污渍和汗味，不可陈旧不洁等；仪容方面，男士不可留长发、蓄胡须、戴耳饰；女士着职业淡妆，不可佩戴过多饰物等，"经理说，"我们要求微笑服务。微笑是人们内心喜悦情感的自然外露。奥运会举行，各国运动员云集北京，所谓'有朋自远方来，不亦乐乎'，微笑是自信的表现，是礼貌的表示，是真诚、热情、友好、尊敬、赞美、谅解的象征。微笑可以使人感到受欢迎、受尊重；使陌生感、紧张感、疲劳感得以消除，从而使人在心理上产生亲近感、安全感和怜悯感。"

第六章　体育场馆风险管理

第一节　体育场馆风险管理概述

一、体育场馆运营过程中的风险管理

1985 年，在布鲁塞尔，英国足球流氓发生骚乱导致看台坍塌，造成了上百人死亡；1996 年，在美国亚特兰大奥运会期间，奥林匹克体育公园发生爆炸事件。现在越来越多的体育场馆在平常的经营过程中会遇到各种突发的、非预期的特殊事件，而造成人员或是财物的损失。体育场馆的风险管理已经成为一个十分重要的课题，甚至直接关系到体育场馆的生存与发展。作为一名高效优秀的风险管理者，必须能够预测出可能出现的风险，正确地评估风险的大小，采取有效的措施处理风险，最后制定规范的处理程序，最终将风险降低到最低限度。

（一）体育场馆运营过程中的风险识别

体育场馆在向大众服务的过程中，由于会集聚大量的人员，因此产生风险的系数明显增高，而且一旦发生危险，就很有可能造成十分严重的后果。体育

场馆的风险管理是各项管理的重中之重，需要管理部门能够对危险发生的原因和因素进行识别，从而以预防为主，避免发生任何形式的危险。体育场馆产生风险的因素可能来自于很多方面，需要体育场馆能够对其一一进行识别。

在国内外的经验中，人为因素常常是发生风险的常见因素。这是由于体育场馆在开放过程中，需要服务人员与消费群体进行接触，如果服务人员的职业道德素养不高或是服务态度不端正，就有可能造成很大的风险。例如，在检票窗口，如果服务人员的服务态度差或工作效率低下，就有可能耽误了消费者的活动行程，使双方发生口角。在人员聚集的区域，如看台、休息室等地，如果安保工作不到位，就有可能频频出现盗窃、斗殴等现象，影响了体育场馆的治安状况。

在自然因素中，天气情况是造成风险的重要因素。体育场馆在举办活动时，应该对天气情况做出基本的预估，并为应对各类天气状况做好预案。例如，如果体育场馆在夏季举办活动，就要留意降雨情况。在活动之前或之后突发大雨，一旦体育场馆准备不足，就会造成关观众的滞留或是入场观众不足。

根据国外一些管理者对体育场馆风险管理的内容分类和我国的实际情况，对体育场馆运营过程中风险管理的内容进行确定与分类，主要包括自然风险、管理风险、人为风险、设备风险和技术风险几个方面，如表6-1。

表6-1　我国体育场馆在运营中风险的分类及产生因素一览表

风险分类	产生因素
自然风险	由于自然因素，如下暴雪、洪水、冰雹、地震、台风等所致
管理风险	管理机构或管理机制不合理，决策或判断失职、失误、疏忽等
设备风险	材料及设备制造、采购、供应不当，设备或材料质量不合格，设备或材料不能及时供应
人为风险	关键人员离职，设计人员、技术人员、管理人员、工人的素质（能力、效率、健康状况、责任心、品质）的不足、观众的恣意闹事等
技术风险	设计严重缺陷，设计不完善，技术方案不合

（二）体育场馆运营过程中的风险评估

体育场馆发生的各类风险事件，其发生的频率和危害性是各有不同的，因此，在进行风险管理时，管理部门应该对各类风险做出准确评估，从而针对不同类型的风险因素和风险的后果做出应对。按照以往经验来说，如果发生人员伤亡的事故是最为严重的风险，很可能造成无法预想的后果，并且严重影响体育场馆的运行，但这类事故的发生频率是最低的，却需要引起管理者的高度重视。而那些频繁发生的风险事故一般后果不会特别严重，也不会给场馆和消费者带来过大的损失，但依然要在管理中避免这些高发风险的出现。

基于风险事件的不同情况，管理部门需要按照危害程度和发生频率进行综合分析，从而评估风险产生的严重程度。为此，可以对各类风险的频率分为经常、普通及偶尔等不同的类别；将风险的后果划分为严重、中等和轻微等不同的类别。管理部门可以结合风险事件的分类建立矩阵，从而进一步对风险进行评估，如表6-2。

表6-2　风险分类矩阵

	严重损失	中度损失	轻微损失
经常发生		钱算错	在球场贩卖处滑倒
偶尔发生	球员膝盖严重受伤	在球场四周跌倒	观众不买票进球场
很少发生	观众死亡	观众身体冻伤	球场内暴力行为

（三）体育场馆运营过程中的风险应对措施

1. 避险

如果体育场馆能够对可能发生的风险做出识别和评估，就可以进一步采取应对措施来解决风险，并避免影响较大的风险。在风险管理过程中，体育场馆要将群众的人身安全放在首位，加强安全管理，从而避免可能造成人身伤亡的隐患发生；同时，要对那些高发的风险进行管控，采取有针对性的措施避免同类事件的发生。

2. 风险转移

风险转移就是要把风险转移给另外一些愿意承担风险的人或公司。换句话说，就是应该获得保险。如对那些风险的严重性与发生的频率确定不是太大，而若不承办又是极不明智的，但它又可能给体育场馆带来一些潜在的经济损失的风险，通常采取风险转移的策略，即购买不同类型的保险。通常，体育场馆购买的保险类别主要有：

（1）个人意外伤害保险

这主要是为在体育场馆比赛的运动员购买的。保险的时间范围有：平时的训练、正式比赛、往返比赛目的地的途中。

（2）公共责任保险

主要是为所有参与工作的管理者、教练员裁判员、一般工作人员和政府官方招募的志愿者购买的。

（3）意外事故保险

主要指发生在比赛场地的所有人身伤害保险，包括所有人员，也包括观众，是目前较常用的保险。

（4）财产保险

主要是针对体育器材、设施所购买的保险。

（5）赛事取消风险保险

而购买保险的主要途径有：①购买国内体育保险；②购买国外体育保险；③寻求体育保险费助商；④组成中外合作体育保险人。

3. 风险分担

目前体育场馆的建设和运营通常是采用市场的化的手段来进行的，这有利于体育场馆向市场中分担自己的风险。政府在建设和管理场馆过程中，通常会采用 PPP 等模式，吸收各类市场主体来共同承担体育场馆的建设任务，并通过专属经营等方式，让企业主体能够对体育场馆进行管理运营。这些市场化的方式，能够让不同的主体分摊投资和管理风险，一旦出现问题，将由不同的经营主体来负责。这种市场化方式也是体育场馆应对各类风险的有效措施。

第二节　我国体育场馆风险管理问题与策略

一、我国体育场馆风险管理问题

我国在体育场馆的风险管理方面还不够成熟，一方面是管理者只重视体育场馆的投资和运营，对于风险管理不够重视；另一方面是管理者缺少有效的管理手段来应对各类风险。目前，许多体育场馆在风险的识别、评估和应对方面都不够成熟，一旦出现严重问题，就会来不及应对，从而让群众和场馆蒙受了损失。

（一）对体育场馆的风险管理还缺乏充分的认识和足够的重视

我国对于体育场馆的风险管理研究是比较落后的，从北京申奥成功后，才有一些学者针对风险问题进行了研究。但目前来看，学者们还主要把关注点聚焦在 2008 年北京奥运会的一些风险管理上，仅在其中涉及了体育场馆的风险管理，对全国范围内各类体育场馆的风险管理的研究还不多见。这说明，体育场馆运营者对风险管理还缺乏充分的了解和足够的重视。

（二）缺乏符合国际惯例和中国国情的体育场馆风险管理运行管理机制和立法保障

由于风险管理引入体育场馆才刚刚开始，因此，目前是没有现成的、可以使用的一种风险管理机制和模式。虽然国外已经有一些相对比较成熟的风险管理经验，但我国的市场经济环境和社会文化背景都于国外有着很大的不同，如果照搬其他国家的经验，反而对于我国体育场馆的风险管理没有太大帮助。为此，我国需要从其他国家中吸收先进的理论，可以引进有用的管理技术，但在实际的风险管理中，要需要结合本地经济社会情况，建立与实际相适应的风险管理方法。

同时，我国也需要开发和建立一套既符合国际惯例，又符合中国国情，在技术手段和管理方式上都比较先进的风险管理模式。同时，由于我国还缺乏专门的相关体育场馆风险管理的立法，应颁布相关法律、法规强制性要求，凡是举办大型活动的体育场馆必须购买相关保险。一方面，保护消费者在合法权益受到侵害时能及时、合理地得到赔偿；另一方面，又使体育场馆自身减轻了潜在风险的威胁，从而保护了自身利益。

（三）缺乏专业的体育场馆风险管理人才和权威的风险评估机构

风险管理的识别、评估、监控、风险应对等都是一项专业性非常强的工作，仅把体育场馆的风险管理作为一般的工作是远远不够的，还需要大量的专门人才。并应成立专门的体育场馆相关风险评估的权威机构，或者设立专门体育场馆风险管理中介机构，旨在专门为体育场馆的风险进行评估，并提供处理各种风险的应对措施，目前我国这方面的人才和专门机构严重缺乏。

（四）保险产品还远远不能满足体育场馆风险保险种类和数量的市场需求

从我国体育保险业市场看，还仅仅刚刚起步，无论在险种和数量上还很不足，远不能满足我国国内市场的需要。因此，面对体育场馆面临的各种各样的风险，不仅需要体育工作者去探讨和研究，也需要法律、经济和管理学的专家、学者去深入研究。我们不要把体育场馆的风险处理，仅仅当作一般的消费合同对待，还应结合国际惯例制定专项法律条例，争取与世界接轨，从而树立我国体育场馆管理的良好形象，实现社会效益和经济效益的双赢。

二、我国体育场馆风险管理类型与策略

（一）设施过失管理及策略

1. 过失

过去在法律的解释中是指人们的无意行为对他人或其他事物造成的损失或伤害。在风险管理中，过失是人们在不经历间造成的不良后果，是可以避免的行为。如果由于过失造成财产和人身安全的伤害，行为人也需要为此承担责任。在体育场馆中，如果因为过失造成了财产损失或危害了消费者权益，将对体育场馆的管理运营造成不良影响。因此，体育场馆在风险管理过程中，一方面要对过失问题承担相应责任，一方面也要以预防为主，让工作人员能够提高责任意识，建立预防机制，从源头上避免发生过失行为。

2. 过失的主体

（1）员工

体育场馆在向大众服务的过程中，需要很多工作人员参与各项工作。在

复杂的工作环节中，许多基层员工一旦注意力不够集中或是服务不够规范，就有可能出现过失情况。例如，管理设备的人员如果不按要求对设备进行维护和管理，就可能造成设备的故障，影响消费者的使用和体验，严重使会影响消费者的人身安全。场馆中的教练和服务人员更需要长期与消费者进行直接交流，如果他们在态度上出现问题，也会影响与消费者的关系，会进一步造成服务中的过失。

（2）行政或督导人员

这些人员属于管理层的工作人员，他们的管理方式及态度也会造成工作上的过失。管理人员需要对基层员工的行为做出监督，并对其负责，如果在管理过程中出现消极行为或是不公正的态度，就由可能造成更多的工作过失。

（3）法人团体

法人团体只是在过失发生后，需要在法律上承担责任的主体人。这些主体可能是整个体育场馆单位，也可能是重要的负责人。按照法律的规定，如果一名员工在工作期间由于工作过失给消费者造成了损失，并需要承担法律责任时，那么员工所在的单位一般也需要负一定责任，有时是主要责任。体育场馆中的实习生、志愿者和编外员工如果在工作中出现失误，在法律中会被当做正式的员工，而雇佣他们的体育场馆就需要承担事故的责任。

3. 降低设施过失风险的策略

体育场馆中拥有非常多的设施与设备，如果这些设施的运转不正常，也会造成过失风险。如果发生风险，相关的管理人员也需要承担责任。因此，体育场馆在风险管理中，对设备记性及时养护也是避免风险的重要措施。

（1）设施养护

体育场馆在引进一些设备后，需要对其进行及时养护，确保其功能运转正常。体育场馆中拥有大量的体育器械，如果这些器械的功能发生失灵，就有可能对消费者带来风险，对其进行养护是避免此类风险的重要手段。另外，体育器械在使用过程中，如果没有采取正确的方法，也会造成意外事故，因此，体育场馆需要指导消费者正确使用器械。为了确保体育器械的安全性，体育场馆需要聘用和培养一批专业性的维护人员和具有专业技能的指导人员，从而避免发生风险。

（2）运用弃权与免责权

弃权或是免责权就像是一种合同，是当产品服务提供者的过失导致参与使用者受到伤害，而后者同意放弃对前者提出诉讼的权利。当一个人签署弃权或免责权，基本上是放弃控诉某些人相关过失的权利。任何责任转移的文件（弃权）通常都是服务提供者或专业人员为寻求自我保护而将一般过失责任排除。通过弃权，服务提供者要求受伤的顾客不要提出控诉。不过弃权也有限制，举例来说，弃权不能违反公共政策。如果弃权不符合大众利益，法庭将不予以支持。此外，如果关系人双方弃权没有对等的议价力量，弃权或免责权将可能无效。

（二）球场暴力管理与策略

1. 球场暴力管理策略

在球类运动中，由于球迷数量众多，比赛相对激烈，因此，球场暴力问题成为一种常见的风险问题。针对球场暴力高发的情况，体育场馆应该形成有针对性的应对策略。

（1）必须有一个有效的球场暴力事件管理计划，每一座体育设施都应该规划并且实践这一风险管理计划。球场风险管理的作用是让参与者能够安全地参与球类活动，并让球迷能够理性地观看比赛。需要针对各类暴力问题进行干预，并采取相应的处罚措施。风险管理需要有完善的风险识别与评估标准，能够让工作人员针对各类事件做出有效应对。同时，要结合本地的实际情况对管理计划做出调整，及时总结球场管理的经验。

（2）体育场馆应建立危机事件处理的预案。危机事件处理应以球员和观众的人身安全为首要事项，能够及时消除事件扩大的隐患。同时，体育场馆还需要建立事件发生的应对预案，与公安部门、媒体机构建立合作机制，当事态发生时，能够及时做出处置，并做好后续的工作。

（3）要以预防为主，对入场观众进行合理的筛查。在必要时，体育场馆应该将试图闹事的观众驱离现场。同时，加强宣传教育工作，做好服务工作，让观众能够识法、懂法，避免出现冲突。

（4）确保场馆通信网络的顺畅。通信网络是加强体育场馆管理，处理各类事件的关键手段。体育场馆的管理机构要能够与基层服务人员建立密切的沟通，基层人员能够将球场中的突发状况及时上报给管理中心，使管理层能够做出及时应对。因此，体育场馆需要为工作人员建立高效的通信网络。另外，体育场馆要与外界的各个部门及时进行沟通，如与消防部门、交警部门、医疗部门的通信要保持畅通。

（5）在场馆各处建立警示和指示标志。体育场馆应该针对可能发生的各类治安事件做出警示，能够对观众起到预警作用，减少暴力事件发生的概率，同时，警示标志可以让体育场馆在处理突发事件时处于主动地位。各类指示标志的设置也是十分重要的，能够让观众便利地使用场馆中的各类设施，有效降低冲突和矛盾的发生。

（6）积极引入先进的技术手段。目前，闭路电视和摄像头已经在体育场馆中得到普及，能够对体育场馆中各个区域的情况进行检视。让管理人员能够查看各个区域的运行情况，对可能发生的事件做出应对。同时，摄像头等设备对人的行为具有很强的警示作用，会时人们意识到自己的行为会被他人观察和记录，从而在意识上不会引发更多的冲突。这些设备的应用，已经取得了明显的成效，有效降低了球场暴力的发生频率。

（三）紧急事件管理与策略

体育场的紧急事件管理是预防、处理各类突发事件的有效手段。其中包括多个环节的管理策略，例如，紧急事件的预防和演习；事件发生过程中的处理方法；事件发生后的善后工作等。

应对紧急事件，第一步要做的就是做好事件应对的预案，从而让体育场馆的工作人员对事件的发生具有预警能力，并在事件发生后能够按照预案中的内容做出应对。制定预案的重要原则是充分评估事件的影响，并且能够通过一系列措施来减少损失。紧急事件的应对预案能够对事态发生产生预防作用，但不能完全杜绝事件的发生。因此，预案的重要作用也体现在用科学有效的方法来使工作人员做出应对。

1. 紧急事件管理的内容

制定紧急管理计划是一个持续不断的过程，它必须成为组织风险管理计划的一部分，以提高计划的可行性。

2. 紧急事件处理计划

处理计划的重要作用是在事件发生时，让相关人员清楚处理事件的最终目标，从而采取相应的应对措施。由于各类事件都具有突发性，因此计划的制定无法应对所有的事情，而计划的目标可以让工作人员形成工作的方向，进而能够更有效地应对各类事件。

3. 紧急事件的范围与类型

体育场馆中的紧急事件可能由多个方面的因素导致，其中的关键就是确保人身安全。在制定紧急事件处理预案时，需要明确事件的范围和类型，并根据这些分类来制定相应的处理措施。从范围来看，紧急事件的发生可能仅限于体育场内外，也可能是整个城市或地区的紧急事件。从类型来看，事件的发生可能是医疗卫生事故、交通事故、治安事件或自然灾害等。在事件的预案中，管理人员需要明确各项措施使用的范围，否则会导致相关人员难以做出应对。

（1）区域紧急事件

区域紧急事件主要是在体育场范围内发生的各类事件，一般需要体育场馆的工作人员进行有效应对，并联合社会中的职能部门做出进一步的处理。场馆中经常发生的事件主要为医疗事件、治安事件和服务过程中产生的各类事件等。例如，如果体育场馆中出现人员受伤或突发疾病等问题，体育场馆需要采取专门的急救措施来进行应对，并能够联系医院进行紧急处理。区域内的紧急事件虽然可能造成严重后果，但其影响的范围是十分有限的。在事件处理中，管理人员还应注意到一些区域事件如果处理不当，有可能转化为重大安全事件。例如，火灾、治安事件等。

（2）重大紧急事件

重大紧急事件主要是指体育场馆受到内外环境影响造成的严重影响人身安全和财产安全的灾难事件。如果体育场馆在发生紧急事件时无法及时处理，就有可能演变为重大事件，对整个社会环境都会造成巨大影响。体育场馆在应对重大事件时，必须要联合社会中的有关部门来进行。目前，体育场馆最有可能发生的事件有：重大疫情、火灾蔓延、人群踩踏、球场暴力等，在处理这些事件时，各部门应该以保护人员的生命安全为首要准则，组织场馆人员进行有序撤离，并建立相应的应急措施，集中全社会力量来减少事件的危害。

（3）大灾难性紧急事件

大灾难事件通常是波及整座城市的重大紧急事件，通常是由自然因素所引发，其中包括台风、地震、疫情等自然灾害。大灾难的出现概率较低，但危害比较大。在发生这类事件时，整个地区的相关部门也会出现应对力量不足的情况，需要国家有关部门来进行应对。体育场馆在遇到此类事件时，应及时关闭场馆设施，并做好自己的职责，切实保护人们群众的安全和场馆财产的安全。

4.紧急事件处理计划的步骤

体育场馆的紧急事件预案虽然不能完全防备各种实践的发生，但管理人员必须对可能发生的事件做好充足的准备。在制定预案和处理计划的过程中，管理人员必须明确其适用的范围和类型，按照划定好的事件分类制定应对计划。在处理计划中，管理人员还需要对工作流程和处理办法做出准备，要制定好应急处理小组，让工作人员做好应急演练等。

（1）培养凡事事先准备的态度与习惯

体育场在日常运动工作中，要将紧急事件的处理当成工作的一部分，要让员工做好充分的心理准备，并且在工作中对计划进行演练，使应急处理成为员工的一种习惯。这项工作的目的是要以预防为主，让员工具有应对各类突发事件的能力。为此，体育场馆应该提前制定好相关的管理手册，将事件处理措施成为员工工作能力成长的一部分。尤其是当体育场馆在准备大型的体育文化活动之前，全体成员应该对紧急实践的处理当成重要的准备工作，对其进行集中演练，让员工拥有处理这些事件的能力。

紧急事件的处理要以维护人员的安全为首要任务，对可能发生伤害人身安全的事件进行准备，管理人员要加强与社会中的医疗单位、公安机关、消防单位等进行合作，同专业人员共同制定安全应急计划。在举办各类活动时，体育场馆也要同合作单位、观众、媒体、赞助商等确定紧急事件的处理计划，共同商谈各类事件的处理办法。如果缺少事先的准备，当事件发生时，就有可能因为准备不足而造成事态扩大，从而带来更大的人员伤亡及经济损失。

（2）建立紧急事件规划小组

在进行紧急实践的管理过程中，体育场馆应该针对事件的应对成立规划小组，使其成为管理系统中的常设机构。需要有高层领导担任小组的负责人，并且小组的成员应该涵盖体育场馆的各个基础部门。同时，小组的成员应该包含各个领域的专业人才，例如，急救人员、管理人员、公共关系负责人等，他们可以运动各自的知识能力来为场馆的紧急事件处理做出贡献。

小组的主要责任就是负责制定紧急事件的处理方案，并负责安全教育工作，能够在事件发生后启动应急机制。其功能和作用主要体现在以下方面：一是对各种安全事件进行预防，确保场馆内的安全。例如，需要在日常工作中注重消防安全、环境卫生等工作。二是制定各类事件的紧急预案，同时指导全体成员对事件处理进行演练。三是加强教育工作，要督促各个部门提高安全意识，加强职业道德教育，避免出现人为的安全事件。四是在发生了紧急事件时，规划小组应该快速做出反应，立即启动相关的处理员，组织相关的人员，联系相关的部门进行紧急事件处理。

（3）制定紧急事件管理计划

体育场馆可能遭遇的紧急事件范围宽泛、类型较多，但依然需要根据各种情况来制定紧急管理计划。紧急事件规划小组需要对体育场馆中的人员和资源进行深入了解，结合实际情况来制定计划，使不同的人员在处理事件中能够发挥自己的作用。为此，需要按照体育场馆的各个负责部门和人员制定好各自的任务目标，并按照制定好的计划方案来调动各类人员。管理计划还应该将紧急事件划分为不同的阶段，按照事件阶段来安排不同的工作任务，其中主要有事件发生之初的阶段，这一阶段需要的是相关人员进行快速反应，紧急采取措施，避免事态扩大；事件发生的中间阶段，主要是需要控制好局势，深入了解事件的发生过程，找出事件的根源；事件的后续处理阶段，主要是加强相关人员的联系，明确各方责任，做好善后工作等。在制定计划时，体育场馆需要结合自身的实际情况和事件的处理能力来制定切实可行的计划。对于一些超出场馆能力的事件，依然需要做出计划，需要场馆能够加强与外界的联系，在相关部门的支持下应对各类事件。

表6-3提供了一些紧急管理计划的基本要素。

表6-3 紧急管理计划模板——体育场馆疏散

列出所有紧急电话号码	当地的紧急医疗系统；医院；消防队；当地以及政府警察局
制定可传达的计划	建立各种可传达的计划方法；建立书面的责任与职责；制定紧急疏散程序：楼层规划、疏散路线、集合地点—包括残障人士
疏散前重要任务的分派	明确的职责；特定的人选；将疏散程序书面化
清点作业	指定安全区；点名程序；汇报管理中心失踪人口的程序
医疗或抢救责任	明确的任务；特定的人选；将抢救程序书面化；确保人员受过医疗或抢救培训；确保每一个人具有医疗过抢救能力
联络信息	指定专人负责回答问题
设置适当的指示牌	设置在明显地点；更新指示牌内容

5. 紧急医疗

体育场馆中常见的紧急事件就是紧急医疗事件，为此，场馆需要针对这一事件类型做好管理计划。紧急医疗事件通常在以下情况下发生：一是体育活动是一种需要消耗参与者体力的活动，因此会有一些人因为参与活动而出现紧急的疾病或是出现受伤等情况；二是体育活动存在一些风险性，如体育器械和游泳池等场地，都会对人身安全构成威胁；三是由于体育场馆内的人流较多，人们在活动过程中也可能发生意外事件，需要体育场馆做好急救工作。为了应对这些事件，体育场馆必须配备紧急医疗的设备和场所，工作人员也必须掌握急救知识，同时，还要加强与社会中的医疗急救单位的练习，全方位保障人的生命安全。

（1）急救站

体育场馆都需要达到一定的医疗标准，因此，急救站是其必备的功能。急救站能够在平时对参与体育活动的人员进行救护，需要配置重要的急救设备和人员。在举办大型赛事活动时，体育场馆也需要对急救站进行升级，提高医疗救护水平。

（2）医护基地

医护基地是医疗单位的工作人员进入体育场馆后建立的活动场所。当体育场馆举办大型活动时或是遭遇重大医疗事件时，就必须配置合格的医护基地。医护基地可以为医护人员提供专门的救治空间，配置相应的医疗设备。医护基地的主要职能可以根据事件的情况来做出改变，例如针对疫情而设置的医护基地，针对意外伤害事件而设置的医护基地等。同时，医护基地要与外界的医疗机构产生紧密联系，能够保持通信的畅通并保持救助车辆的通行。

（3）驻场医疗

驻场医疗主要是为体育场馆内的人员进行的医疗服务，主要是依靠急救人员，并更具场馆内现有的设备对出现疾病和意外伤害的人员进行救治。驻场医疗对于突发性的医疗事件处理具有很重要的作用，能够对一些突发的疾病和意外伤害进行紧急处理，保护相关人员的生命安全。驻场医疗可以处理多种医疗病患，在必要时也需要转移到正规医院进行救治。

（4）紧急医疗运输

如果体育场馆内的伤患过多，或是驻场医疗无法处理时，体育场馆就需要提供紧急医疗运输服务，即让医院车辆能够快速抵达制定地点，并将病患快速转移。体育场馆在医疗事件计划中，必须对紧急运输做好规划，要为相关车辆布置畅通渠道。在举办大型赛事时，场馆也需要对可能发生的紧急医疗运输做好准备。

第三节　案例——北京奥运会场馆的风险管理

2008 年，为了顺利地举办北京奥运会，奥组委为北京奥运会场馆设立了专门的风险管理部门，明确了组织结构，工作人员的职责和范围。风险管理部门制定了奥林匹克体育场的风险计划，设计了奥运会前、中、后期的风险管理活动的策略和措施以及具体手段，并认真考虑了是否在奥运会期间进行了风险管理，适用管理策略的措施和方法是否与总体目标一致。

风险管理部门收集了有关国内外体育场馆设施建设，运营和管理的数据和文献，并设计了有关奥运会场馆潜在风险，产生原因的调查表。风险和避免风险的对策，与筹备办公室的项目管理人员进行了特别的咨询采访，并调研了中国其他大型比赛场馆的风险管理，例如第北京十一届亚运会的地点以及第八、九、十届全运会体育场馆的风险管理情况，且对这些风险进行归纳和总结。

风险管理部门认为，北京奥运会场馆的潜在风险是多种多样的，包括六类：管理风险、财务和经济风险、运营风险、安全风险、环境保护风险和意外风险。管理风险主要包括奥运场馆管理不善或疏于管理造成的风险。北京奥运会场馆的潜在管理风险主要表现为"管理人才的缺乏或决策者的决策失误影响场馆的正常运行""管理体制不合理，产权不明确，权利和责任不明确，导致管理效率低下"和"管理腐败"。经济和金融风险主要是指国家在奥运会的筹备，国家随后阶段实施的经济政策可能引起的风险。

为有效规避若干风险，可以采取的对策包括：

①充分利用国内外经验，将环境保护作为奥运场馆规划建设设施的主要条件。

②采用 BOT 融资方式，减轻政府财政负担。在奥林匹克设施项目中使用 BOT 融资可以避免潜在的经济风险、管理风险和运营风险，并转移政府投资风险。因此，项目负责人在设计建设总部时，要充分考虑比赛后的管理问题、设计、管理理念和技术设备，以减少建设成本，提高场所质量，赛后积极开发利用场所，以提高经济效益。

③积极开发利用场馆，采取星级饭店式管理模式。奥运会场馆采用由星级酒店等专业管理团队运作的管理模式，以解决，基础设施使用率低，难以收回投资的问题，从根本上避免出现业务风险以及经济和金融风险的可能性。北京奥运会场馆采用星级酒店式的管理模式，使场馆在规划阶段基本确定了产权多元化的方向，扭转了以往垄断经营的局面。建设资金的投入，使这些场馆不仅可以用于比赛和培训，而且可以向公众开放，尤其要注意满足不同人群的各种要求，突出体现人文主义的"以人为本"的概念，充分保障社会的经济利益，帮助场馆在后续运营中占领市场定位，并提供充分的品牌优势，增加场馆的服务项目，创造新的市场和消费，开发大型表演、展览、餐饮、购买体育用品和大众娱乐等商业项目，以逐步扩大市场，并增加场馆的经济效益。

④注重奥运场馆的多功能整体发展，赛后积极组织专业体育赛事。在奥运会期间，体育馆被用作运动员训练和比赛的场所。但是，在奥运会结束后，奥运会场馆将以组织大规模的体育、文化、商业活动为主。国家体育馆、游泳馆、国家会议中心和其他大型场所将根据各自的职能，区域位置和优势，配合不同的策略运作。例如，国家体育场的赛后运营定位为体育产业、文化

娱乐和商业餐饮；国家游泳池将定位为水上娱乐场所，并将成为北京最大、最完整的水上娱乐中心，用于水上比赛，体育健身和游泳教学，发挥自身的重要作用等。综上所述，奥运会后，有必要根据自身特点，在经济和社会效益方面发挥更重要的作用，避免潜在的经营风险。

⑤大力发展体育消费市场，繁荣"奥运经济"。制定区域体育产业和北京奥运会的经济发展战略，借鉴国外成功经验和运行机制的模式，并结合中国体育产业化战略。在奥林匹克营销中既能赚钱且能促进体育产业发展。

⑥借鉴国外成功经验，采取在奥运会场馆整合职业体育的总体战略。北京奥运会主体育场，主体育馆和足球预算场地可以用作职业联赛球队主场赛事地和比赛场地。

⑦提高风险管理水平，建立健全的风险管理机制。"没有保险的奥运会就像飘零的叶子，没有依靠。"充分利用各种风险转移技术来降低风险，加强各种保险产品的合理使用，在选择确认合作伙伴时，必须向奥组委保证其偿付能力，要求他们提供相应的保险，同时增加保险项目的种类和通过保险转移风险。

⑧加强安全工作，合理安排安全资金投入。北京奥运会的安全工作更新工作理念。减少了安全工作对比赛的影响，加强安全与封锁相结合的概念，考虑到人的安全目的和为奥运会服务，并恢复原来的安全功能。一般情况下，建立有效的指挥系统。加强北京奥运会的安全风险评估机制，制定全面的安全计划，预判自然灾害，加大对科学技术的投入，开发或引进新一代的检查安全设备，监控、预警和防爆以提供 2008 年北京奥运会的安全级别；开展各种形式的安全演习，并进一步论证和完善奥林匹克安全计划，加强与国际社会的交流与合作。

第七章　体育场馆设备管理

第一节　体育场馆设备管理概述

体育场馆为了达到一定的服务标准，具备承办大型赛事和文化活动的能力，并具备服务大量体育消费者的能力，必然要配套数量足够多、技术足够先进的设备。体育场馆中的设备主要有为适应体育活动的各类体育设备和器械；有用于服务管理的高科技设备；有向消费者服务的服务设施等。由于现代体育活动对于科学技术的要求越来越高，因此，体育场馆中的很多设备也具有科技先进的特点。可以说，设备的先进性在很大程度上决定了体育场馆的标准等级，是场馆能够承担何种级别赛事的必要条件。那些能够承办国家级或国际比赛的场馆，无不具备完善的、先进的设备配套。

在体育场馆设备越来越复杂，越来越先进的情况下，做好设备管理对于体育场馆的运营和发展将变得更加重要。设备管理就是要对场馆中的所有设备进行采购、维护和更新的工作。设备管理是一种全周期的管理，不仅要对设备进行采购和安装，还要进行日常维护和紧急维修，确保能够在寿命周期内发挥正常功能。

一、体育场馆设备管理的内容

（一）对设备进行全过程管理

全过程管理是指设备的管理要经历设备从采购到维护，再到使用寿命终结的拆卸这个过程。管理人员在工作中要承担各个环节的责任，从采购开始，就需要确保设备是适用于场馆功能的；在安装过程中，要做好各类设备的合理布局，确保安装到位；在使用过程中，要对设备进行维护和修理，使其能够正常运转和使用。

（二）追求设备寿命周期费用最优化

寿命周期费用是设备从采购到报废的总体周期中需要为期投入的总资金，其关乎到体育场馆的管理成本。管理人员在进行设备管理时，不应住关注设备的用途和技术的先进性，还需要考虑设备的成本因素，应该结合体育场馆的实际情况和财务能力来选择设备。

（三）及时引进先进的体育器材装备

在国际化的背景下，现代体育快速发展，并且与科技的进步紧密融合起来，在先进设备的带动下不断进步。因此，体育活动已经成为科技含量很高的活动。科技为体育带来了更新的运动形式，也对人们能够健康、科学地参与体育活动提供了基础条件。消费者在参与体育健身的过程中，也对体育设备有着较高的要求，为此，体育场馆在设备管理中，要保障设备的先进性，满足专业运动员和普通消费者的需求。

（四）加强设备的维修工作以保证服务经营活动的连续性

设备的维护和维修关乎到设备能否正常使用，也影响到设备的使用寿命，更是体育场馆服务质量提升的基础保证。因此，体育场馆应拥有专业化部门和一批专门人才来负责各类设备的维护，确保体育场馆的长效运营和发展。

（五）加强设备的经济管理和组织管理工作，实现设备的全员管理

体育场馆要想做好设备管理工作，就应该为这项重要工作建立组织保障，要建立专门进行设备管理的部门，并结合设备条件吸收一批具有专业技术的管理和维护人才。财务部门也要对设备成本做出财务方面的预算和管理，确保设备的投入和产出在合理范围内。另外，由于体育场馆内的设备遍布在各个区域，除了进行专门的管理外，还需要让全体员工形成自觉爱护设备、维护设备的工作作风。

二、体育场馆设备管理的任务

设备管理的主要任务是贯彻执行体育场馆的经营方针，实现体育场馆的经营目标。

（一）正确地选择设备，避免设备的落伍和闲置

体育场馆在进行设备的采购和安装后，还要确保设备能够高效率地投入使用，如果存在设备闲置的情况，就会无形中提高了体育场馆的成本，影响体育场馆的效益。设备闲置的情况主要由以下情况产生：一是设备不适用于本场馆的配套，导致无人使用；二是体育场馆没有围绕设备做好产品设计和服务；三是设备的引进没有同用户的需求保持一致，使其不愿意使用这些设

备；四是设备出现了技术落后或破旧等问题，这些将被淘汰的设备无法再适应市场和体育事业的发展。

（二）保证设备经常处于良好的技术状态

体育场馆中的设备要让用户能够健康、安全、舒适地参与体育活动，为了实现这一目标，体育场馆要加强对设备的维护，使其保持良好的运行状态。同时，服务人员也应该对普通用户进行指导，使他们能够正确地使用体育设备，发挥设备的功能性。随着体育事业的发展，体育场馆也需要按照消费者的需求引进新的器械、装备和设备，维护人员和服务人员也应该积极学习先进设备的使用方法和维护知识，这些都是确保体育场馆稳步发展的必要条件。

（三）提高设备管理的经济效益

管理人员在进行设备管理时，不仅要关注设备的使用情况，还应该从经济的角度来加强管理。一方面，要使场馆对设备的投入合理有效，实现经济性和技术性的统一。另一方面，在设备的使用周期内，应该集约使用设备的维护费用，采用科学的设备维护方法来降低成本。由于设备成本是体育场馆投资中的重要环节，因此，发挥设备管理的经济性，将能够有效提高体育场馆的效益。

（四）促进体育场馆的技术进步

目前，体育设备和电子设备等随着科技的发展，更新换代的速度很快。体育场馆在保障经济性的同时，还需要保障场馆设备的先进性。如果设备的技术过于落后，不仅影响用户的消费兴趣，还会影响场馆的服务标准和等级。因此，体育场馆应该紧跟体育发展和科技发展的步伐，在关键设备方面保持先进性。同时，体育场馆还需要结合服务质量提升和业务拓展的需求，及时更新设备情况。

三、体育场馆设备购

设备购置是多数体育场馆在添置设备时采用的主要方式。体育场馆在购置设备时，要对所需购置的设备从技术性和经济性两方面进行选择和评价。进行设备选择与评价的目的，是从体育场馆长远服务、经营战略出发，根据实际需要，选择技术上先进、经济上合理、市场上需求的最优设备。设备的技术性评价，主要从以下几个方面进行：

（一）经营服务性

指设备的使用效率，要能满足经营服务现状的要求。设备使用效率过低或过高都会影响设备的综合效率。

（二）可靠性

可靠性是指设备在使用期间能够相对稳定的运行，以达到设备的预设功能。设备本身的质量和设备维护的质量将影响设备的可靠性，会导致设备的故障率超标。

（三）维修性

维修性是设备在维护过程中的复杂程度和维护成本等指标。良好的设备应该具有易于维护的特点，可以让体育场馆能够更经济和更高效地对其进行维护管理。其中包括设备的售后服务情况，设备零件的配套条件等。体育场馆在采购时就应该关注设备的维修性，能够有效降低维护成本，提高使用效率。

（四）安全性

体育场馆中的大部分设备都是需要直接向用户服务的，尤其是直接使用的体育装备和器材等。因此，设备的安全性是重要指标。其中一方面要确保使用者的安全，一方面要保障场馆的设施安全。

（五）节约性

目前，在面临巨大的环境压力和能源压力情况下，全社会对各类设备的使用中，节能、环保已经成为共识。体育场馆中的设备也需要达到这两项要求，这是场馆践行绿色体育、生态体育的基本要求。这不仅是为体育场馆节约成本的重要需求，也是向全社会传播体育文化的必要条件。

（六）适应性

设备的适应性主要是指设备能够使用场馆内的环境、场馆的目标人群和服务项目。如果设备的适应性不足，就会破坏体育场馆的整体功能布局，也会导致设备的空置率过高。同时，随着科技的快速发展，体育场馆中的高科技设备的更新速度也更快，场馆中的设备也需要对外部的体育市场环境向适应。

（七）耐用性

设备耐用性既指设备的使用年限，也指设备的故障率和稳定性。体育场馆在进行设备采购时，需要考察设备的耐用性，要重点选择稳定性强的设备。对于使用年限方面的考虑，要符合体育场馆的实际需求，过长或过短的年限都是不合适的。

（八）艺术性

设备是体育场馆整体环境的一部分，设备带来的视觉体验也会影响到用户的使用和体验。因此，在采购设备时，要结合体育场馆的总体装饰环境来考察设备的造型与色彩，使其与环境相适应，并在环境中产生艺术美感。

总之，以上八个条件是体育场馆在选购设备是需要总体衡量的指标。管理人员需要对上述的各类要素进行权衡，确保场馆设备能够适应场馆的发展需求。在选购时，管理人员也需要结合消费者需求和场馆的实际条件来突出某些重点项，使场馆设备具有特色。

四、体育场馆的设备系统

体育场馆中的设备要想正常运行，还需要为其建设完备的支持系统，以便让设备能够得到能源供应、运行环境和维护条件。设备系统是一套非常复杂的系统，其涉及的内容要跨越多个部门，例如供电系统、控制系统、通信系统、消防安全、给排水、音响系统、温控和空气循环系统等。在设备管理中，设备系统占据了相当大的比例，所需要的费用也比较高，并且其中很多项目都需要得到先进技术和先进管理办法的支持。因此，建立健全体育场馆设备系统，是提高设备管理能力，节约场馆运行成本的重要条件。

体育场馆的设备系统不仅支持着设备的使用，也对场馆的整体服务质量有着重要作用，其功能主要体现在以下方面：①对场馆内的服务项目和用户的体验提供必要的支持，并为场馆带来舒适、健康的环境，从而让用户获得更好的体验。②提高场馆服务的附加值，为场馆带来更多的利润。体育场馆的设备条件和环境条件是决定服务价格的重要支持条件，可以为消费者带来更高质量的服务，使消费者愿意进行消费。③确保体育场馆的安全。体育场馆中的消防、监控和其他先进的系统，都能对场馆内的人员提供安全保障，确保场馆成为安全的活动场所。④提高场馆的服务等级和外界形象。场馆的各等级质量标准均对场馆的设备系统做出了明确的要求，提高设备系统的完备性和先进性，能够有效提高体育场馆的等级，提高在体育界和消费者心中的认可度。⑤为场馆的重要设备提供必要支持。体育场馆中的许多体育器材都需要在相关的设备支持下运行，要想发挥这些器材的功能，完整的设备系统建设是必不可少的。

五、体育场馆设备使用注意事项

体育场馆中拥有多样且复杂的设备，其中一些设备是由工作人员使用，而还有一些设备是直接需要直接交由体育场馆的用户所使用的。无论是何种设备，在使用过程中都需要采用正确的方式来使用，要注意遵守设备的注意事项。正确使用设备，既能够使设备的状态良好，减轻设备的损耗，也对体育场馆的环境安全和用户的人身安全有着重要意义。

在场馆中，大量的体育器械是体育场馆特有的设备，其中不少设备需要由体育活动的参与者所使用。体育器械的主要作用是辅助人们完成体育活动，或是对人体会产生支撑作用；或是帮助人们完成某些动作；或是产生阻力作用；或是对体育动作完成情况进行衡量。有些器械的使用相对复杂，对于普通消费者来说，需要在专业人员的指导下完成。因此，无论是工作人员还是消费者，都需要按照正确的方法来使用器械。

六、体育场馆设备修理与维修制度

设备维修制度是设备管理部门和人员对在设备维护过程中，为了提高效率和维护质量，节约维护成本而制定出的规范化措施和标准。我国的体育场馆在多年的经验中，形成了计划预修、计划保修及预防维修三种制度，对体育场馆的设备维护具有一定的指导意义。

在设备的维修管理中，无论采用哪种制度，都是为了保持设备的正常运行，对设备可能出现的问题和已经发生的问题进行修复，以便使其恢复使用功能。体育场馆中的设备由于需要经常运转和使用，在使用周期内必然会出现老化、破损和零件损坏等问题，为此必须对其进行维修。在维修制度中，管理人员需要对设备进行检查，可以从检查的结果中发现设备的实际情况，检查是发现问题隐患和问题原因的重要工作环节。在设备维修中，还包括恢复性修理和改善性修理两种形式，前者是通过修复设备中损坏的部分，使其恢复功能的工作；后者是指当设备无法恢复时，对其进行改装和升级的工作。设备维修的目的是通过某些手段和制度，让设备能够继续使用，延长其使用周期，提高其使用效率，并为场馆节约设备管理成本。

（一）维修制度

1. 计划预修制

该制度是我国在新中国成立初期从苏联学习的一种管理工业设备的方法。预修制主要是按照设备被投入使用后的一般消耗规律，按照相对固定的时间对其进行维修检查的工作制度。这种制度通常用于对设备的日常管理，具有较强的计划性。

2. 计划保修制

在计划预修制的基础上，我国由创造出了计划保修制的设备维修制度。保修制主要是按照一定的周期对设备进行较大的修理或进行三级保养。该制度改变了对设备进行日常维修的工作流程，将设备大修纳入到设备管理工作中。

3. 预防维修制

预防维修制起源于美国，它是以设备故障理论和规律为基础，将预防维修和生产维修相结合的综合维修制度。预防维修是从预防医学的观点出发，对设备的异常进行早期发现和早期诊断。预防维修制可减少故障次数，缩短修理时间。

（二）维修计划

在建立相应的维修制度基础上，管理人员还需要为设备的维修、检查做出时间上的安排，即形成有效的维修计划。在设备维修制度中，维修计划是让工作人员能够做好各项工作的重要依据。计划具有超前性和规范性，能够让管理部门提前做好资源和人员的准备，从而以更高的效率来完成设备维修任务。体育场馆的设备维修计划需要结合场馆的资源情况和设备的实际使用规范来制定，在计划周期上要保障设备能够得到及时维修。按照设备情况的不同，计划可以按照年度、季度等时间周期来划分。同时，按照工作的内容，可以将其分为定期维护、大修等不同的计划。

第二节　体育场馆设备管理基本要求

一、体育场馆设备管理的基本要求

1. 设施设备日常使用和维护保养，由主管和领班负责，实行"四定"，即指定专人负责、定期清洁保养、定期检查达标、定点存放工具。非使用人员不得动用。

2. 每日营业前，领班或指定专人检查设备状况，做好调试，确保安全有效。营业结束前指定专人检查，按时关闭设备。

3. 高度重视设施、设备安全管理，由于每项设备都有各自的功能和使用规则，应针对设备各自的特点，要建立一套严格的防护、检查、维护保养等措施。

4. 场馆员工必须严格遵守设备清洁和使用操作规程，做好机械设备、电器设备、输配电系统、上下水系统、空调系统、通风系统、电子计算机系统、消防系统、音响系统、通信系统的日常维护与保养，防止损坏、失效，确保各种仪器设备正常使用。

5. 场馆设备发生故障，由领班填写《请修单》，紧急时可先电话通知，事后补交《请修单》，报工程部及时修理，满足顾客的健身需求。

6. 顾客未听劝阻违反《宾客须知》有关规定，造成设备损坏，由领班按照场馆规定，请顾客赔偿，并报告主管。

7. 本场馆的员工未遵守操作规程造成设备损坏，按照体育场馆规定赔偿。

8. 场馆内各种设施设备完好率达到98%以上，尽可能接近100%。顾客对设施设备满意度达到95%以上，维修及时率100%，故障率不超过2%，设备投诉率低于2%。

二、附属设施设备管理基本要求

1. 卫生间墙面、地面、恭桶、喷头、盥洗台、通风设备、地漏和玻璃镜等各种设备的材料选用、装饰规格、安装位置等符合要求，室内空气清新。各种设备齐全、完好、有效，顾客使用方便、舒适。

2. 更衣室设在场地附近一定范围内，室内的衣柜衣架、座椅齐全、完好、有效，无破损、脱落，顾客使用方便、舒适。

3.观众区及休息区座椅、茶几等设备齐全、完好、有效、无松动、破旧、污迹，顾客使用方便、舒适。

4.体育场馆设置的沙发、座椅、圆桌、茶几等家具设备配备齐全，摆放整齐，无任何损坏和摇动，顾客使用舒适安全。

5.电器设备完好。彩色电视机开启方便自如，图像与文字清晰，表面洁净，无任何故障。各种音响设备齐全，音量控制完好自如，适应顾客休闲的需要，无故障发生。

三、体育场馆设施设备管理基本要求

除了上述体育场馆及附属设施设备管理的基本要求外，不同的体育场馆还要各自的特殊要求。以下将重点介绍几种常见的体育场馆设备管理基本要求。

（一）游泳场所

1.游泳池

游泳池上水、放水设备齐全、完好，顾客使用方便。池底、池边、浸脚消毒池、岸边休息区等各处表面装修美观，瓷砖铺设平整、坚固，且无脱落、无破损、无污迹、无积水。

2.躺椅座椅

泳池的躺椅、座椅、太阳伞等设备齐全、完好、有效，无松动、无破旧、无污迹，顾客使用方便、舒适。

（二）健身房

1. 健身设施

健身房门窗材料与体育场馆相适应。安装完好，玻璃明亮无污迹和划痕。墙面平整无陈旧、掉皮、污迹。墙面镜子、钟表、温度计、湿度计、地面体重秤等设施齐全、完好，安装位置合理。

2. 健身器械

跑步器、臂力器、爬坡器等设备数量充足。各种健身器械开关、计数、电子显示屏等配套设备齐全、完好、有效、表面整洁，转动装置紧固、润滑，无任何故障。各种健身器械摆放位置合理、疏密间隔适当，互不干扰。

（三）溜冰场

溜冰场场地制作标准，冰面平整光滑，四周安全设施严谨，各项设备齐全、有效、顾客使用方便。观众区、休息区等各处表面装修美观，地面瓷砖铺设平整、美观、无破损、无污迹。其设备和用品的配备要求如下：

1. 溜冰场浇冰工具配备

溜冰场冰面保持光、净、平，做到冰质高、滑度好，有利于爱好者掌握溜冰技术。要想浇出理想的冰场，除应配备有良好浇冰技术的人员外，还应配置合乎规格、性能良好的浇冰工具。目前体育场馆溜冰场常用的浇冰工具有：

（1）普通浇冰车：一般溜冰场普遍使用的一种简单、轻便的手工普通型浇冰车，这种浇冰车车底部为爬犁，上部由圆锥形储水桶和连接储水桶的洒水管等构成，桶装满水后一吨重，在冰上工作起来很方便。

（2）现代浇冰车：目前，国内各大型人工制冰速滑场都使用一种先进的现代浇冰车，这种浇冰车装有自动扫冰、刮冰、推雪、吸雪和储雪等装置。

通常用10分钟至15分钟就可以浇好一条标准速滑跑道。

2. 普通浇冰所用的其他工具配备

（1）长把扫帚：扫帚把长2米2.5米，扫帚头结实、轻便，不易掉竹条，扫冰时面积大、省工、省力。

（2）推雪板：推雪板由铝合金或木板材料制成，把长约1.5米，使用起来较轻便、坚固、耐用。

（3）冰铲：冰铲一般用较厚的铁板制成，主要用来铲除冻在冰面上的杂物和冰包。

（4）点雪仪：点雪仪上部有储雪箱，底部有宽5厘米、高5厘米的漏口，人工操纵，将雪点播在冰面上，形成规整的雪线标志。

此外，还应配备一些浇冰常用的小工具，例如抹冰缝用的冰抹子、钳子、板子，还有解冰洒水用的热水壶或热水喷头。

3. 溜冰场服装配备要求

舒适合体的服装对溜冰健身者发挥良好技术动作起着重要的作用，服装应以不妨碍肩部、髋部、膝盖等部位的运动为准。运动者身着舒适、合体的服装、运动时将心情愉快、动作舒展、技术流畅。通常溜冰运动所用的溜冰服装有三种类型。

（1）保暖服：保持适当体温和运动肌体的弹性，有助于运动者保持良好状态，发挥良好技术水平。因此，在寒冷的溜冰环境中，运动者的肌体极需保暖。当今溜冰运动者所使用的保暖服是极轻便并便于更换的合体羽绒服。

（2）练习服：为适应平时训练、锻炼需要，身着保暖、便于更换的练习服装是重要的。运动者应根据个人特点选择适合的练习服装。

（3）比赛服：是运动员比赛时专用服装。主要特点是可以减少空气阻力、弹性好，有利于运动员动作自如，较充分发挥出自己的技术水平。

另外，为了能在寒冷气温下进行运动时防止手、脚、脸和耳等部位的冻伤，运动者还必须戴上冰帽、手套和鞋套，这些都是必备的冰上运动的服装用品。

4.溜冰鞋配备要求

冰鞋是冰上运动者最重要的器材装备，与提高溜冰技术密切相关。身着结实、贴脚的冰鞋可使运动员更好地掌握溜冰技术。许多初学者都抱怨自己的踝关节太软立不起来，很可能是其所穿冰鞋不合脚所致。

选择冰鞋时应注意鞋面结实柔软，冰鞋形状合脚坚挺，穿鞋后足跟有坚实稳固感，没有多余的空间又不挤脚。目前，溜冰运动者所使用的冰鞋有两个种类。

（1）传统冰鞋。传统冰鞋与速滑刀后刀托的托盘结合为一体。传统速滑刀由刀刃、刀管、前后刀托构成。

（2）新式冰鞋。新式冰鞋与冰刀和后刀托不是直接相连，而是在冰鞋的前部安装了转动装置。运动员做蹬冰动作时，冰鞋可以围绕着连接冰刀的转动装置上下自由转动，并使刀抬离冰面时，冰刀由于冰鞋上装有弹性装置而自动还原，运动起来方便，无副作用。

5.保龄球馆设施设备管理要求

（1）球道

保龄球球道采用高级木料，色彩自然，木纹清晰，表面光洁水平。球道长度、宽度达到正式比赛标准。

（2）自动计算器

木柄回收、摆数和计算器安装合理。木柄回收、摆数和计算准确无故障，使用方便。

（3）自动回收机

机器先进，开启自如，传送装置无障碍。回收快速准确、噪音低。

（4）全自动红外线对焦记分系统

本系统为红外遥控技术，通过红外传递进行精准计算，因具有独立性，与可见光物理特性相同，所以抗干扰性极强。

（五）网球场管理基本要求

球场规格符合标准。场地平整。场内划线准确、清晰、使用方便。球网高度准确，无破损。球拍规格符合正式比赛要求，齐全、完好、无破损。

（六）乒乓球室管理基本要求

乒乓球台。长、宽、高规格达到比赛要求。球台安装摆设位置适当，表面平整光洁、无划痕，球台稳固，球网完好。运动场所。两个球台之间距离适当，互不干扰。球台四周运动场所面积适当，地面平整，有防滑措施。无任何障碍物，顾客使用方便、安全。

（七）桑拿浴室管理基本要求

墙面、地面平整、光洁，防潮、防漏效果良好。下水道与地漏畅通无阻。水管、喷头、盥洗台、水龙头等设备及各种开关齐全、完好、有效，表面光洁、无污迹，顾客使用方便、舒适，开启自如无故障。桑拿浴房墙面防火、防潮、耐高温，房内木质躺椅、桑拿炉开关、木桶、木勺、沙漏计时器、温度计、湿度计等设备齐全、完好、有效。

①接待区的服务台收款台、存鞋处、沙发、茶几等齐全完好有效。

②更衣室区男部和女部，有独立的小更衣间、更衣柜和换衣凳等。

③桑拿浴区男部和女部设置的桑拿浴房、蒸汽浴房、光波浴房、再生浴房、淋浴间、热水按摩池、温水按摩池、冰水按摩池、药浴池、盥洗台、卫

生间等服务设施，及其配套小圆餐桌和塑料扶手椅等配套齐全。

④搓澡区的长凳和坐凳等牢固、舒适。

⑤休息区休息大厅内的彩色电视机、音响、坐躺两用式沙发、茶几、脚凳等配套、齐全有效。

⑥休闲酒吧区配备自助餐台、餐桌、餐椅等服务设备。

（八）按摩室管理基本要求

（1）按摩设备

根据不同种类的按摩项目配备需用的各种设备。

（2）按摩床

规格型号符合按摩要求，安放稳固，顾客使用舒适、方便。

（3）按摩室

沙发、座椅柔软、舒适、牢固，顾客使用方便。电视柜、体重秤等设施设备齐全、完好、有效。彩色电视机播放图像清晰、颜色效果良好、音响效果适度、调试控制完好、自如。卫生间设备和服务用品提供齐全。

第三节　体育场馆配套设施管理

一、体育场馆配套设施作用

（一）体育场馆业务经营的重要组成部分

在设施齐全的体育场馆中，场馆的业务范围早已突破了传统体育活动的局限，扩展到了文化娱乐和产品销售等各个方面。在市场环境下，消费者对于体育活动的需求也是多方面的，他们将体育活动当成生活的一部分，借助体育活动的机会，还会产生其他的消费需求，因此，体育场馆如果只关注体育活动的开展，显然无法满足消费者的需求，也不利于体育场馆的发展。体育场馆要想拥有更多的服务功能，并对消费者推出多样化的服务产品组合，就依赖于其他配套设施的建设。配套设施能够影响体育场馆产品线的长度、产品系列的广度，能够为体育场馆开展综合化的服务创造基础条件。

（二）招揽客源增加体育场馆经济收入的重要途径

配套设施的建设，为体育场馆提高服务质量，向市场推出更多的服务产品组合，并提高服务的附加值创造了条件，因此，这些配套设施的投资能够给体育场带来更多的回报。不断完善配套设施是体育场馆扩大市场覆盖面，扩展业务范围的重要手段。当前，随着我国社会经济的快速发展，居民的生活水平有了很大的提高，居民的消费能力得到了显著增强。居民的消费已不在局限于基本生活消费，而是着重于提高自己的生活质量，丰富自己的生活方式上。在新的市场环境下，人们为了追求健康、休闲和娱乐，对于体育场所的消费有了更高的消费欲望。体育场馆应该利用这一良好态势，通过完善服务配套来改进原有的服务项目，以体育健身活动为基础，加强娱乐、消费服务能力，以便吸引更多消费者，增加营业收入。目前，在许多大城市的高水平体育场馆中，消费者用于体育以外的项目消费越来越高，已经成为体育场馆营业收入的重要构成部分。

（三）满足顾客购物及休闲娱乐需求，强化体育场馆经营特色的重要条件

体育场馆配套服务设施的建设情况，能够决定消费者可以购买到什么样的服务，彰显出场馆在市场经营上的特色。在体育场所竞争强度不断扩大的

情况下，场馆在满足消费者基础需求的同时，设计出特色化的服务产品组合是十分重要的。体育场馆的特色化也需要以特色化的配套作为支撑，其主要体现在以下方面：一是形成特色化的文化环境，场馆可以通过环境氛围、设施布局的设计，让场馆形成特色化的文化环境。例如，在生态环保设施的支持下，体现体育场馆的生态化、绿色化特色。二是推出特色化的服务项目。场馆通过布置更为新奇的设施来为消费者提供新产品，从而起到吸引消费者的目的。例如，针对年轻消费者设置电竞服务专区，提供电竞活动和产品项目等。

二、体育场馆配套设施管理原则

（一）科学合理的原则

体育场馆在建设配套设施的过程中，需要按照设施的属性和所属行业，以标准化和科学合理的布局来进行建设。由于场馆的服务项目会超越体育活动本身，涉及其他的行业领域，因此，遵守相关行业的规则和标准是使场馆进行正常经营的关键。例如，如果体育场馆需要增设餐饮项目，布置餐饮配套设施，那么就需要遵守餐饮业的行业规划和标准，尤其要重视食品安全相关的法规，满足餐饮项目的设计标准。总之，体育场馆在配套设施管理中坚持科学合理的原则，能够确保消费者得到正规的、高质量的服务，有利于提高体育场馆的市场信誉。

（二）先进适用的原则

体育场馆在完善服务配套设施过程中，应该遵守先进适用的原则。先进是确保各类设施能够适应社会发展的方向，使其在技术上、功能上具有一定的先进性和超前性，使其能够满足消费市场的变化，并使体育场馆的服务维持在较高的层次上。适用原则是指场馆的配套设施建设不能一味地追求高技术、新时尚和高端化，而是要适应于场馆的客观条件，适应本地的消费情况。另外，配套设施的建设要与场馆现有的发展情况及总体发展目标保持一致，避免出现投资浪费的问题。

（三）服务齐全突出特色的原则

为使顾客充分享受体育场馆所带来的全方位高质量的服务，体育场馆设置必须建造各种配套设施，包括豪华包厢、酒吧、餐厅、更衣室、存鞋处、淋浴间、卫生间、观众区、休息区、食品超市、体育商品部、停车场、服务台、收款处、办公室、会议室、员工休息室、空气调节机房、机电房、洗衣房、储物室等设施。

场馆的配套设施需要包含的形式和内容十分丰富，体育场馆要在建设与管理的过程中确保服务功能的全面。同时，除了满足消费者的多样化需求外，还应该凸显场馆服务的特色化、质量化。在条件允许的情况下，配套设施要体现一定的先进性，能够为消费者提供个性化服务，达到吸引消费者的目的。

（四）和谐匹配的原则

配套设施的建设应该与体育场馆的整体环境和主要功能相匹配，从而形成完整的服务体系，提高体育场馆的服务质量。在环境的匹配方面，各类设施要和谐统一，共同构成体育场馆内部的装修特色，在各类设施的相互作用下，使场馆形成一定的文化环境。在功能匹配方面，配套设施应该为场馆的体育功能服务，并实现服务功能上的扩展。例如，游泳馆就需要为消费者配套更衣、沐浴的配套设施。配套设施的建设不仅能够让消费者获得功能完善的体验，而且能够给人带来心理上和感觉上的体验，让消费者在体验服务的过程中能够更加舒适，使其愿意在体育场馆中进行消费。

三、体育场馆配套设施管理要求

（一）等级性与经济性相结合

体育场馆内的配套设施在很大程度上决定了场馆的等级与服务质量。如果配套设施的档次和质量不足，也势必影响体育场馆能够达到的标准。另外，场馆的配套也要适应于场馆本身的条件和消费者的消费能力，体现经济性。过高的配套质量也必然会造成服务价格提高，可能会导致普通消费群体的流失。

（二）针对性与成套性相结合

针对性主要体现在配套设施能够与场馆的功能相适应，要结合场馆的核心功能而进行配套和扩展，使其集中服务于场馆的目标消费群体。成套性体现在配套设施要完备，功能要齐全，并且在风格方面具有整体性的效果。

（三）节能性与方便性相结合

节能性是体育场馆进行配套建设的主要指标，能够为场馆节约能源，体现环保性能，这与场馆中推广的绿色、健康、生态的体育文化能够保持一致。方便性主要体现在消费者使用过程中的便捷，其中包括：让消费者能够花费最少的流程体验到服务；让消费者在场馆内有舒适、便利的体验；让消费者的权益得到尊重；让消费者无须拥有过多的专业知识就能体验到体育配套设施。

（四）安全性与健康性相结合

体育场馆的配套设施由于是面向消费者服务的，因此这些设施的安全性和健康性十分重要，要能够切实维护消费者的人身安全和身体健康，如果达不到这些要求，配套设施就不应被引进。体育是具有一定风险的活动，而场馆的配套设施要能够给消费者带来安全，应防范各类人身安全事故的发生。尤其是在消费者使用体育设施和器械时，要确保他们的人身安全。健康性主要是体育场馆要对消费者的健康负责，使他们能够享受到健康的体育文化。体育场馆在引进餐饮、娱乐等设施时，应禁止那些对身体和心理造成不健康影响的项目。

四、体育场馆主要配套设施设置

（一）体育场馆照明设备

体育场馆照明首先要求必须为运动员创造良好的条件，以使他们的技能水平最大化，使观众能够看清体育器材、球类运动轨迹和运动员的动作等。依据体育赛事要求，体育场照明的各种使用要求，需要考虑观众数量和最大观看距离等因素。如果需要电视广播，那么不仅是现场的水平照明，而且还有离地面一米的垂直照明。

（二）体育场馆看台

1. 体育场馆看台概述

体育场馆看台的设计必须使观众拥有良好的视觉条件以及安全、便捷的疏散条件。体育场馆看台的位置应根据体育场地和运动项目而定，因此大多数座位的视线应短且方向正确。在正式比赛中，必须根据每次比赛的特殊需要考虑特殊的座位空间。残疾人轮椅座位必须预订在看台上，并在方便残疾人进入和观看的位置。体育场和看台之间必须有隔离和保护栏，以确保运动员和观众的安全，并且观众不会干扰体育场。体育场馆看台应包括主席台、包厢、新闻席、评论员席、运动员席、观众席和残疾人席等。观众座椅应根据移动式软椅，靠背软椅、靠背硬椅，靠背硬椅、靠背方椅、靠背方椅或无靠背椅来设计。座椅的安装应坚固且易于清洁支架，室外座椅应防止座椅直立。体育场地看台布置直接影响观众观看体育赛事的质量。

2. 体育场馆看台坐席类型

（1）固定坐席

从体育场馆的多功能用途开始，观看体育比赛可以是多方向的，中小型体育馆可以考虑比赛和表演的各种需求。由于大型体育馆的最大观看距离限制，通常仅使用一个看台即可达到文学和艺术表演观看者人数的上限。因此，大多数座椅采用对称布局和不对称布局。

（2）活动座席

活动座席是为满足视线设计要求而设计的，也是多功能体育场馆的重要设施。移动式支架有很多类型，包括推拉式、全移动式、翻转式和自升式。推拉式易于使用且用途广泛。全移动式规模通常较大，支架较重，灵活性不如推拉式。翻转式和自升式类型仅在某些体育场中使用，并未广泛使用。

（三）体育场馆计时记分系统

1. 体育馆计时和记分系统的基本要求

在体育场馆内举办大型体育比赛时，应有固定电子计时记分牌，屏幕显示分数和比赛信息，例如比赛队的名称和结果。

2. 计时记分显示类型

（1）显示卡类型

一种是星形显示卡，可以显示运动场上的各种活动。另一种可以是条形显示卡，可以显示标语，参赛队名和成绩。随着技术的发展，大型彩色屏幕已广泛用于体育赛事。

（2）显示屏类型

①电子计时记分显示屏

该类型的显示屏使用磁性翻板或翻转来显示文本和数字。该显示器的优点是，由于外部照明较强且显示更清晰，因此适合在户外使用。但是，由于在露天的长时间使用机械零件易出变形和腐蚀，该类型显示屏已逐渐停止。

②白炽灯电子计时记分显示屏

该类型显示屏使用电流增亮显示器上的特定像素以显示文本，数字和图像。它的优点是可以发光，根据喜好改变光的颜色，适合室内使用。然而，由于白炽灯的寿命短且功耗高，因此近年来已逐渐被淘汰。

③LED 电子计时记分显示屏

该类型显示屏与白炽电子计时记分显示屏原理相同，不同之处在于其将发光器更改为发光二极管。发光二极管具有寿命长，功耗低，亮度高和色彩丰富的优点，通常适合于室内使用，也可以满足户外使用。

第四节　体育场馆设备维护管理

一、体育场馆设备维护管理

（一）塑胶场地的维护

在现代化的体育场馆中，塑胶场地是重要的体育设施，是人们参与田径等多种体育项目的重要场地。塑胶场地只适用于人在上面的活动，如果维护不善，则很容易出现磨损和破坏。塑胶场地是一种十分脆弱的设施，在正常的使用下，也会由于摩擦而慢慢出现褪色、变形和磨损。如果场地出现老化，就会影响体育活动的进行，甚至会造成运动者的损伤。因此，体育场馆需要加强对塑胶场地的管理。

在进行塑胶场地的维护管理时，管理人员应该注意以下几点：一是严格禁止机动车辆进入场地，要限制重物进入或放置在场地上，避免造成塑胶场地的破损。二是加强对塑胶场地的清洁和维护，工作人员应该经常性地对其进行清扫，要进行卫生巡视，防止污染垃圾的停留。要经常性地对场地进行清洁，用清洁剂清洗场地上的污渍。在重要的活动前后，管理人员应该对场地进行专门化的清洁，确保活动的顺利进行。同时，管理人员还应该针对季节变化的倾向，对其进行专门维护，避免场地处于过高或过低的温度下。三是加强对场地的维护。在塑胶场地产生褪色老化时，应该对其进行维护，并用塑胶液等使其保持色彩和弹性。四是要让使用者正确进入塑胶场地。要对使用者的运动鞋做出相关要求，使其穿着合适的跑鞋和球鞋。任何人不应穿着运动鞋以外的鞋类进入场地。让教育使用者拥有良好的卫生习惯，不应在场地中乱扔垃圾，要尽量避免果汁、碳酸饮料等液体洒入场地。

（二）天然草坪场地的维护

草坪场地是以人工培育的运动草类生长而形成的运动场地，适用于足球、高尔夫、棒球、田赛等多种体育项目。由于运动草类也需要符合自然生长条件，因此，对于草坪场地的维护，需要符合植物生长的科学标准，并且要结合季节与气候环境来进行维护。例如在中国的北方地区，体育场的草坪多以冷季型的草类为主，适应北方的季节变化特点，需要在寒冷季节加强对草坪的养护，减少场地的使用率。

草坪场地的日常维护工作包括以下几方面：

1. 喷水

草坪要1个星期喷水1次。6月下旬至8月间，除雨天外，需每隔12天喷水1次。喷水的时间最好在下午6：00以后，或早晨9：00以前。

2. 除杂草

草坪场地用草都是专门培育出来的种类，而在生长过程中也必然会出现其他杂草。杂草的危害是比较大的，不仅会影响体育用草的生长，还会对整体的场地功能造成影响。如果杂草泛滥，有可能造成体育用草的死亡，导致体育场地荒废。因此，除杂草的工作是十分必要的。

3. 修剪

为了保持场地的平整并使其符合体育活动的要求，管理者需要适时对草坪进行修剪。草坪修剪可以让草坪能够保持在一定的高度，使其能够向横向生长。修剪的频率需要依据季节和场地的使用情况来确定。在春、夏等季节，由于草类生长较快，需要进行更多的修剪。在场地中的活动较多时，由于草坪的磨损较多，需要减少修剪的频率。

4. 施肥

施肥的方法有两种：一是将化肥均匀地撒在草坪上，然后浇水；二是把化肥溶于水中喷洒在草坪上。后一种方法更有利于草的生长。一般每年施肥24次，施肥采用硫酸铵或尿素及过磷酸钙。

5. 越冬措施

在北方的寒冷地区，体育场馆的草坪需要进行越冬管理。这项管理能够影响草坪来年的生长情况，对于延长场地的使用寿命是十分必要的。在进入冬季后，管理人员需要对草坪进行修剪，可以帮助草坪在明年萌发新芽。由于北方的冬季十分干燥，因此在越冬时，也要对草坪进行浇冻水作业，以免草坪场地过于干旱并起到保护作用。在降雪地区，可以让积雪覆盖草坪，可以起到防冻且补充土壤水分的作用。

7. 返青前后养护工作

早春草坪嫩叶未萌发出土前，滚压一次很有必要。因土地表面经过整个冬季寒风侵袭后，会发生裂开现象，滚压可弥补裂缝，有利于夏、秋草坪生长。返青后应及时浇水，以促进青草的生长。

草坪损坏的地方要及时补栽，避免裸露部分蔓延。填补草坪的方法是在填补前将表面泥土掘松23厘米（以使草坪能很快在新环境中生根），将多余的泥土移到旁边（和旧草坪接缝的边缘要多移一些），然后将移过来的草皮一块块镶上。新草坪与旧草坪之间留有1.52厘米的空隙，并填满泥土。新镶的草坪应比原有地面高出1.52厘米，接缝处高1厘米左右。要浇洒足量的水，晒干后，用1公斤重碾子压两遍，使草坪平整，利于草生根繁殖。

（三）木质场地的维护

体育场馆中许多项目的进行需要木质场地的支持。木质场地的地面铺装主要材料是木质地板，同时还可能辅助有塑胶材料、地毯等材料。木质场地对火、潮湿、颗粒物、腐蚀性液体、尖锐物等比较敏感，容易造成木质材料的变形和划伤。因此，体育场馆需要对木质场地进行精心维护和保养，并指导人员正确使用场地。

对木质场地的保护主要体现在以下方面：一是对入场人员的鞋进行严格要求，所有人员须穿着软性运动鞋；二是保持场地的清洁，禁止在场地内吸烟、泼水，不得在场地内乱扔垃圾。管理人员要经常性地对场地进行清扫和擦拭，除去场地中的污渍、灰尘和泥土，保持场地的光洁。三是在使用时注意场地内器械的正确使用，对于重器械不应随意拖拽。四是注意场地的保养，做好场地通风，保持场地的干燥，做好反腐维护。

本质场地日常维护可采取以下措施：

1. 涂地板蜡

地板蜡是木制地板需要涂装的重要材料，否则完全暴露的地板会快速老化变质，使用寿命极具缩短。因此，地板蜡是对木制场地进行维护的重要手段。体育场馆中的地板由于会受到严重的摩擦，因此需要定期对地板进行重新涂蜡操作。在涂蜡时，应注意使地板保持清洁，要清除地板上的一切污渍；应注意蜡的颜色要符合体育场地的要求，避免对运动员的视觉产生影响；应注意涂蜡要均匀平整，避免造成木地板的凸凹不平，给使用人员造成危害。涂蜡操作应根据需要来进行，以免地板过于光滑让使用者发生摔跤、扭伤等问题。

2. 涂地板油

地板油是对木质地板进行维护的另一种材料，可以配合地板蜡共同保护木质地板的质量。地板油可以经常涂抹，用来使地板保持一定的湿度，防止干裂情况，在室内空气干燥时，可以提高使用的频率和用量。

3. 涂防滑油

由于地板蜡和地板油都有过于光滑的特点，因此为了是木制场地能够不影响使用者进行的体育活动，防止使用者滑倒，在场地进行体育活动之前，还应该在地板上涂抹防滑油。防滑油的使用可以根据体育活动的具体情况来进行，例如，在运动员跑动频率较高的地点可以多使用一些，在运动员不常跑动的地方可以不使用。

（四）游泳池的维护

1. 游泳池水质要求

游泳池水直接与人体皮肤、五官相接触，为防止水对人体的侵蚀和疾病的传染，对水质的卫生条件有严格的标准。一般说来与饮用水的水质相同，在有些方面如水温还有更高要求。国家对水质、水温要求见表7-1。对游泳池的补充水量要求见表7-2，对游泳池水循环周期要求见表7-3

表 7-1　游泳池水质、水温的要求

项目		标准
PH 值		6.58.5
浑浊度		不大于 5℃，或站在游泳池两岸能看清水深 1.5m 的池底 45 道泳线
耗氧量		不超过 60 毫克每升
尿素		不超过 2.5 毫克每升
余氯 化合性余氯 1.0 毫克每升以上		游离余氯 0.40.6 毫克每升
细菌总数		不超过 1000 个 / 毫升
总大肠杆菌		不超过 8 个每升
有毒物质		参照《工业企业设计卫生标准》(TJ36—79) 执行
水温	室内比赛池	24℃ 26℃
	室内训练池	25℃ 27℃
	室内跳水池	26℃ 28℃
	室内儿童池	24℃ 29℃
	露天游泳池	不低于 22℃

表 7-2　游泳池的补充水量

游泳池类型和特征		占池水容积的百分比 / (％)
比赛、训练	室内	35
跳水池	露天	510
公共池	室内	510
公共池	露天	1015
儿童池、幼儿池		不小于 10

表 7-3　游泳池水循环周期

游泳池类型	循环周期	每天循环次数
比赛池、训练池	610	42.4
跳水池、私用池	812	32
公共池	68	43
跑水游泳合用池	810	32.1
儿童池	46	64
幼儿戏水池	12	2412

2. *游泳池水质保护*

①游泳池水每年更换次数和时间，应严格遵照国家卫生防疫部门的规定及设计要求执行。

②淋浴室通往游泳池走道中间应设强制通过式淋浴走廊及浸脚消毒池，淋浴走廊的长度为 2 米至 3 米，浸脚消毒池的池长不少于 2 米，宽度与走道相同，深度 20 厘米，应每天打扫。浸脚消毒池池水含余氯量为 510 毫克／升，须 4 小时更换一次。

③游泳池使用中，水质情况应与当地卫生防疫部门取得联系，定期取池水水样进行化验，每周至少化验两次，如发现池内有致病菌，应立即将池水全部排空，另行更换新鲜水。

④根据每次水质检验报告，及时调整混凝剂、消毒剂、中和剂等的投入量，以保证池水符合水质规定要求。

⑤游泳池在使用中，如出现池水变色，呈草黄绿色或绿色时，可直接向池内投加硫酸铜。

3. *游泳池的维护*

①游泳池周边地面，要保持清洁，做到岸边无青苔、无杂物。游泳池开放前后都应将溢水槽洗刷一造，并将堆积物排除，使排水通畅，同时要捞出池水表面的杂物。更衣室、通道和池边走道在开放前后都应用水清扫、擦洗、消毒，以防游泳者将不洁物带进水中。

②游泳池正常使用情况下，要求每天对池底及池壁进行一次清洗。每周清理一次池底，用电动水下吸物器将池底污物吸除，以保证池底无沉积物。同时可根据实际情况，定时循环过滤或全部将游泳池水抽换。

③室外游泳池停止开放后，在北方地区使用晾池方法保养。大约在 10 月中旬用稻草帘铺盖池面、池壁和池底，以防冬季冻裂池子。

第五节　案例——旗忠网球中心一应俱全的设施

随着 2005 年上海旗忠网球中心一期落成，网球大师杯赛重回上海，中国网球迷也有了自己的网球圣地——旗忠网球中心。旗忠网球中心位于上海西南部的闵行区马桥镇，占地 508 亩，基地总建筑面积为 85438 平方米，绿化率 46.1%，有 993 个停车位。中央赛场建筑面积 30649 平方米，高度约 40 米，顶棚为钢结构。主赛场设有空中包厢 26 个，转播室 20 余间，拥有高 4 米、宽 10 米的大屏幕 2 块，其他诸如贵宾室、运动员休息室等各类辅助用房若干。旗忠网球中心拥有一个可容纳 1.5 万人的中央球场和 18 片室外网球场，具备承办国际大型体育赛事的一流体育设施。其中圆形的场馆，环绕着 30 排看台座位，预计可容纳 12000 人。而 26 个包厢以及球场四周的内场活动椅位，最多可增加 3000 个座位。中央赛场在最高处搭建了 20 多间转播间，可供 20 家媒体同时转播赛事。而在内场的中圈，也为转播机位预留出了很大的空间。赛场内几乎没有观赏死角，这也为电视转播提供了很好的平台。新闻中心的水平达到国际一流水准，建筑面积达 1800 平方米，内设 240 个记者工作台，每个工作台上都有电话、传真以及网络设备，每一名摄影记者还有一个独立的储藏柜，可以用来摆放摄影器材。媒体工作者还有一个独立的免费自助餐饮区。媒体服务方面，体现出了多样化和人性化，如适合广播媒体的工作室和电视媒体转播间均位于球场 4 楼，这样的地理位置在转播比赛时可谓一览无遗。针对摄影记者，还提供了专门的储物室，因为摄影记者器材多，所以他们的储物柜空间就相对大一些，这些细枝末节的服务为媒体工作人员提供了无微不至的关照。比赛期间，每一位参赛球员都有一间独立的豪华休息室，沐浴、按摩设备齐全。此外，赛场内还为球员提供共享运动器械区和就餐区等辅助设施。另外，在上海短池游泳世锦赛举办期间，球员休息室还能作为运动员的赛前准备更衣区。如此"灵活机动"的场地设施是旗忠网球中心现代化的标志之一。

第八章　体育场馆票务管理

第一节　体育场馆门票销售

一、体育场馆门票销售概述

体育场馆的门票收入是最传统的一项收入来源，目前依然是场馆最为基础的一项经营形式。在体育场馆承接大型赛事和活动时，门票的销售情况也决定着活动是否能够取得成功，门票销量少，就意味着入场的观众少，更意味着观众可能对某些活动缺少兴趣。门票是观众进入场馆参与赛事活动的凭据，能够帮助赛会组织和场馆统计现场观众的人数，从而获得一部分收入，并判断活动产生的影响力。

因此，体育场馆的门票开发是整体市场运作中的重要环节。其重要性体现在以下方面：第一，门票收入对于体育场馆的经营利润具有重要意义，是一项基础性的收入来源。虽然体育场馆可以通过多样化的经营来获取利润，但门票收入的基础性地位是不会改变的。在目前的体育活动中，门票收入占所有收入的比重会因为市场开发程度和赛事的重要性而发生变化。门票收入的占比在不同的场馆和不同级别的赛事中会有很大的差异。

第二，门票销售的情况能够影响体育场馆在其他方面的市场开发，并且会体现在其他方面的收入上。例如，在体育场馆举办大型赛事活动时，我们可以从门票销售的总额和观众的上座率上看到赛事活动对观众的吸引力，或是反应出体育场馆和赛事组织者的营销成果。门票销售额越高，意味着观众对赛事活动有着越高的参与热情。同时，门票销售在体育活动收入的占比也能反应出市场开发情况，如果门票的占比过大，可能意味着市场开发的程度不够成熟，场馆和赛事组织者缺少更多的商业渠道。因此，像奥运会、世界杯等大型赛事，门票在所有收入中的比例都不会太高，通常在10%上下浮动。同时我们需要注意到，如果门票销售情况不佳，则会影响到体育场馆在其他方面的商业开发，例如，会影响到电视机构和广告赞助商的投资热情。

场馆门票销售情况的变化会受到多个方面因素的制约。其中包括体育赛事活动本身的影响；场馆营销活动和门票销售渠道的影响；门票价格影响；体育场馆所在地区环境的影响；同时，门票销售可能会受到社会大环境的影响，如经济发展情况、文化背景、疫情影响、政策环影响等。由此可见，门票销售管理也是十分复杂的活动，需要管理人员具有专业知识，拥有应对各种环境变化的能力。

二、体育场馆门票销售的准备工作

门票销售的准备工作主要包括门票数量，座次统计，划分座位区域，票面设计与印制。在体育赛事的实际运作中，这些工作有时并不归属于赛事运作机构的市场开发部门管理，门票可由自己印制和分销，可能由竞赛部门或者制证部门负责，也可以全权委托诸如票务管理、票务网络的公司负责门票印制、销售和记账，或把这两种方式结合起来。这种职责上的划分并非毫无道理。赛事门票与竞赛是紧密相联的，竞赛部门有时对比赛场地的观众席位以及现场不同视角观看效果更为熟悉，由竞赛部来统计门票数量、座次、划分座位区域有一定优势。从另一角度来说，票务工作涉及赛事的后勤保障，门票和其他赛事证件一样是一种赛事现场出入的凭证。因此，由制证部门管理也有一定道理。

但可能产生的不利因素则是这些部门在统计、设计、印制赛事门票时通常会忽略了对门票销售工作的支持。因此，即使赛事门票的统计、设计、印制归属于其他职能部门负责，也应使市场开发部门及早参与到这些工作中去，使门票在统计、设计、印制过程中兼顾门票销售及其他市场开发工作。在实际运作中，确定体育赛事运作管理机构的主要高层领导之一对门票工作进行分管是极为重要的，有利于统筹协调不同职能部门间的分工与合作，使门票销售工作从门票数量、座次统计、区域划分及设计、印制时就开始进入运作，而不是直到门票已经完全印制完毕才着手进行。在门票的设计、印刷中，需考虑下面这些基本要素，并以清晰、准确、美观的方式通过票面向观众传递出来。在设计赛票的草案时应该先列出一个清单。

三、体育场馆门票销售的管理工作

（一）体育场馆门票分类策略

体育场馆的门票直接决定着座位和场次等信息，对于消费者的观赏体验有着重要的导向作用。场馆中的座位、场次和区域等信息有着明显的差异，影响着消费者的体验，而不同门票的价格也有着天壤之别，因此在进行门票销售管理时，对门票做好分类也是一项重要工作。通常情况下，场馆的门票分类有以下几种策略：

①门票与座位进行严格绑定。体育场馆在印制和销售门票之前，需要将

场内需要开放的座位进行编号，其编号与门票上的号码一致。消费者手持门票进场，并按照手中编号进行对号入座。由于场馆不同座位对于消费体验有着重要影响，因此对号入座是十分必要的。

②体育场馆按照座位的体验感受进行区域划分，同时也对门票进行分类，不同类型的门票价格不同，所获得的体验也各有不同。一般场馆靠前的、且位置视野俱佳的区域则为贵宾区，与这一区域对应的是贵宾票或豪华票，通常价格较高，销售的对象是具有高消费能力的人群。而其他偏僻或靠后的区域销售普通票，适用于一般的消费群体。在高等级体育场馆中，人们还会划分豪华包厢等区域，用于接待重要的人物，或可以以更高的价格销售。

③体育场馆在承接赛事时，可以按照场次来采取不同的门票策略。常见的有单场票、季票、套票、团体票等。例如，如果某场馆会经常性地承接联赛，就可以向消费者销售季票，消费者可以用更优惠的价格并且更为便利地入场观看比赛。

体育场馆推出多样化的门票种类，可以便于进行营销活动，举办优惠活动，可以帮助场馆维护客户群体，扩大门票收入。体育场馆在制定门票分类策略时，可以采取多种方式的组合，体现门票销售类型的丰富性，满足不同消费人群的需求。门票策略应该与场馆的产品策略紧密联系在一起，共同为场馆创造更多的效益。

（二）门票销售方式与渠道

体育场馆在制定门票销售策略时，需要分别制定好门票销售时间策略和渠道策略。

销售时间主要是针对门票预定、售票和完成售票的时间做出具体的计划。门票销售的时间要与消费者的消费习惯保持一致，让消费者能够更加便利地进行购买。销售时间策略不是简单的时间计划表，而是要同步进行相应的营销、促销策略，场馆需要针对目标消费人群采取相应的广告宣传和促销手段。在销售时间的安排上，门票销售应该与赛事举办情况进行协调。通过门票销售，可以对赛事宣传起到预热作用，有利于让消费者提高对赛事活动的兴趣，并让消费者有充足的时间选择购票。但门票销售的时间不能过于提前，否则就会让赛事的热点降低，影响了场馆的上座率。

门票销售的渠道、网点和方式也是体育场馆需要整体规划的内容。门票的销售渠道通常会影响门票销售的方式，例如，如果采取电子商务渠道来售票，其销售形式也是通过网络进行购票，消费者可以购买到电子门票来观看比赛。目前场馆可以采用的渠道主要有直接对外销售、由代理平台销售两种形式，通常在举办大型赛事时，需要让多种渠道搭配起来共同售票，以最大程度地开辟消费市场，增加消费人群。采用直接售票的方式，可以让体育场馆省去代理环节的利润分摊，但对于场馆的营销能力带来很大挑战，而场馆要想拓宽销售面，吸引更多观众，就需要曾大营销成本与销售网点的成本。以代理平台销售的方式可以利用相关平台的销售网络和营销能力，最大限度地完成售票目标。但场馆需要注意的是制定好与相关平台的合作方式，注意利润分配的合理性。

体育场馆在经营过程中，需要结合具体的赛事活动规模和影响力来确定采用何种销售渠道。一般来说，如果是场馆经常性举办的一些地区性质的赛事活动，并且场馆拥有一定的观众基础，那么就可以利用自己的销售网络来直接售票，而不需要与代理平台进行洽谈与合作。如果是体育场馆临时承接了与体育无关的其他文艺活动和商业活动，则可以将售票工作完全交给第三方平台来进行。如果是举办国家和国际性的大型赛事，由于活动规格高，影响力大，那么场馆需要采用综合性的销售渠道来售票，并且应选择专业化的票务公司来进行。在大型赛事活动中，综合性、专业化的售票渠道不仅能够让观众更方便、满意地购得门票，也能进一步体现赛事的组织能力和场馆的服务能力。

门票销售网点一般是指场馆进行直接销售时布置的网点，其策略能够对消费者购票的状况及门票收入带来影响。销售网点的布局和数量的确定要与目标市场相互协调，尽可能地让目标群体获得购票的机会。门票销售网点的增加会增加门票销售的成本，因此，场馆不能盲目地扩大网点。在门票销售策略制定中，场馆要做好对门票销售数量的预估，结合成本与利润的关系来合理布局网点的位置和数量。在所有网点中，体育场馆住中心的网点就是场馆本身的销售窗口，以此为中心向外辐射，可以形成场馆的销售网络。而其他网点可以设置在社区、超市、商业街等人群密集地区，并结合目标消费群体的分布情况进行合理布局。除了实体的门票销售网点外，体育场馆也应该利用网络平台布置数字化的销售网点，应该利用信息发展的优势，构建自己的电子售票窗口。

（三）门票销售登记管理

目前，为了打击违法犯罪，规范票务市场，各地区在大型赛事的售票活动中陆续采取了实名制的方法。实行实名制售票，就需要售票方、赛事组织和体育场馆做好门票等级管理工作，其主要内容是对购票者的身份证、联系方式和购买的门票信息进行登记，同时进行后续管理。门票等级管理的作用主要有以下几点。

（1）能够完善门票退换服务。过去在非实名制的模式下，体育场馆的门票通常不支持退换服务。但通过门票等级后，体育场馆将有条件为消费者办理退票。消费者在购票之后，有可能因为各种意外因素而导致无法观看比赛，而在实名制的情况下，消费者也无法将门票转赠他人，这样就会造成消费者的经济损失。在这种情况下，场馆就应该为消费者提供退票或换票服务，以保障消费者的权益。同时，如果出现优惠票和团体票进行退票的情况，还有可能造成买卖双方的经济纠纷，这时就需要有规范的等级制度来维护双方的权益。

（2）门票登记能够有效打击违法犯罪行为。在非实名制的情况下，体育比赛的大量门票会被"黄牛"所控制，在私下里被哄抬价格，严重扰乱了市场秩序，侵害了消费者的权益。实行门票登记后，消费者需要进行实名制购票，对于打击"黄牛"行为起到了实效。

（3）门票登记有利于场馆加强对现场的管理。场馆可以通过门票信息来掌握现场观众的情况，可以利用这些信息来进行现场秩序维护和安全管理。在发生意外情况时，场馆和相关部门也可以及时联系到消费者。

（4）门票登记可以帮助场馆和赛会组织获取消费者的大数据信息，有利于加强体育市场的开发。通过门票登记采集到的大数据，能够真实可靠地反应市场情况，为体育市场进行后续的产品开发和服务质量提升提供了坚实的信息保障。通过分析这些大数据，管理者可以找出消费者的喜好、特征和消费规律等，从而更好地提高服务质量。

尽管门票登记能够对体育赛事的管理带来很多便利，但也存在着一定的缺陷，其中最主要的就是增加了购买的流程，给消费者的购票带来不便。由于消费者在购票时需要向销售方提供过多的个人信息，就会导致一部分人怕麻烦而不再愿意购票；还有一些人处于个人隐私的保护而不再购票。同时，如果销售方不能给消费者提供更好的退票、转票服务，也会影响消费者购票的积极性。早在德国举办 2006 年世界杯时，国际足联出于打击足球流氓的考虑，首次尝试了足球赛事的实名制购票，但由于经验不足，导致了购买手续过于复杂，并且因为手续费的问题引起了球迷的不满。许多球迷的购票热情降低，使当年许多场次的比赛出现了较大的空座率。这些经验都值得体育场馆在进行门票登记管理时加以借鉴。

（四）门票销售的注意事项

体育场馆在进行门票销售管理时，还应注意以下事项：

①做好票务代理平台的选择。在选择代理平台时，应关注该平台的营销能力和该平台所覆盖的市场，确保该平台能够充分吸引赛事活动的目标观众。同时，场馆需要了解代理平台的合作方式，对销售权进行商务洽谈，要选择对双发都有利的合作方式，做好利益分配，避免商业冲突。

②门票的价格要与场馆的服务相配套。通常来说，在同一场活动中，价格越高的门票越应该让消费者享受到更好的服务。场馆可以结合自身的条件进行门票价格分类，提供普通票、贵宾票和包厢票等，给消费者提供更多选择，而场馆也应在配套设施和服务方面提高质量，达到让消费者满意的效果。如果消费者花费的门票费用与其得到的体验预期不相符，就会导致其满意度的下降。

③在销售门票时，应该针对座位问题与消费者做好沟通。在体育场馆的布局中，通常会有一些区域因为建筑和设施的原因导致观众的视线受阻。场馆应该在门票销售时对这些问题进行提前说明，以免与消费者产生纠纷。另外，对于这些位置不佳的区域，场馆应该对票价进行进一步的降价处理。

④利用数字化管理系统，增强消费者购票时的自主性。体育场馆应该为消费提供数字化的售票管理系统，能够让消费根据自己选购的价格区域，自主性地选择座位。

⑤加强票务管理，制止门票造假和倒卖门票的行为。体育场馆应该建立

完善的门票登记制度，从而在根源上打击造假和倒卖行为。同时，需要满足消费者合理合法的门票装让需求，为此，体育场馆应该设立专门的窗口，能够为消费者提供退票或转让服务，让消费者以面值价格进行合法交易。

⑥在门票中增加相应的配套服务。场馆可以结合门票销售的过程，相消费者提供细致的附加优惠服务，例如，结合门票提供附赠品；用门票来代替停车费；在门票销售过程中推行会员制；为新购票的观众提供更多优惠等。体育场馆可以通过多种附加服务来增强观众的黏性，使其成为体育场馆的忠实消费群体。

四、体育场馆门票促销技巧

（一）确定门票的价格

体育场馆在确定票价时，通常受到两方面因素的影响。一方面，场馆举办的赛事等级和影响力能够决定门票的价格。例如，一座综合性体育场在举办国内田径比赛时，由于观众的关注度不高，其门票价格通常会比较低；如果举办商业化的中超联赛，由于该赛事在观众中的影响力较大，其门票就会以更高的价格出售。另一方面，场馆的营销策略影响价格。体育场馆在门票销售时，可能会处于营销推广的目的降低门票价格，吸引消费者以更低廉的消费进入场馆参与活动。

（二）识别目标市场

体育场馆在制定门票销售策略过程中，需要十分注重的一点就是要识别市场，根据目标消费者的需求来制定合理的门票销售计划。在一般情况下，体育场馆的主要目标消费人群主要来自体育场周边的居民，还有来自整座城市的体育爱好者。同时，一些从事体育行业的专业人员也是重要的消费群体。体育场馆需要对不同的消费群体进行识别，充分了解场馆的核心消费群体和潜在的群体。为此，场馆应该利用网络、大数据等技术为场馆目标市场建立数据库，对消费群体的信息进行细致分析。场馆还需要扩宽获取消费者数据的途径，通过各类宣传营销方式和联络方式来扩大目标消费群体的广度和宽度。

（三）促销技巧

为了打动消费群体，提高其购买欲望，体育场馆应该适时制定促销策略。运营简单高效的促销技巧来引起消费者的关注。目前，行之有效的促销技巧有以下几种：一是在门票销售过程中附加简单实用的赠品来进行促销，例如，在节假日期间附赠一些节日礼物等。礼物可以是明信片、书签、工艺品等具有设计感的产品，主要目的是能够让消费者感受到场馆销售人员的心意。二是体育场馆将一些服务项目附加到门票当中，达到促销的目的。例如，可以以门票来免去停车费用；以门票来获得餐饮和购物的优惠；利用门票号码来进行抽奖；以门票来获得一些纪念性体育商品的购买权等。

第二节　体育场馆票务技术

一、门票防伪技术

对于体育场馆的消费来说，门票是一种一次性的消费凭证，在观众体验过相应的活动后，门票就失去了价值。因此从技术上来看，门票的制作成本不高，技术含量也比较有限。但门票所代表的服务体验价值是比较高的，在体育场馆中，一些大型赛事的高价门票价格可高达上千元。在这种情况下，就会有一些不法团伙印刷和贩售假门票，给体育场馆和消费者都会造成经济上的损失。实体印刷的门票，出于成本考虑，其防伪技术并不高，给造假者提供了可乘之机。体育场馆也需要采用多种方法来防范假门票的产生。一是利用门票实名等级制度来防范门票造假，用数字化技术推广电子门票；二是在门票销售的过程中指导消费者不应贪图便宜，而是从正规渠道购票；三是具有识别假门票的能力，严禁持假票者入场。

（一）印刷环节

门票具有时效性强、票面价值高、夜间检票多和短时间入场顺畅等特殊要求。为了提高门票的技术的难度，门票印刷过程中要采用防伪技术。门票普遍采用的防伪技术包括激光全息防伪标识、水印、荧光变色油墨印刷、安全底纹防伪、缩微技术、温变、特种纸张、票内印有激光全息暗记等多重防伪技术，造假者无法一一破解，为主办者提供更多的鉴别手段。例如雅典奥运会门票采取了11种防伪技术；2004年7月揭幕的亚洲杯北京赛区门票采用了八种防伪技术，其中在纸张上采用了三种防伪材料，在印刷技术上，也使用了印刷钱币的四种高科技方法。

（二）购票环节

为门票设置防伪密码身份（每张门票的密码均不相同），通过特种印刷将防伪密码印制在门票上，并用油墨涂层遮盖保密。购票者购票后，刮开涂层，可见防伪密码，拨电话，按提示音操作输入防伪密码即可辨别门票真假，或者上网查询，也可以用手机将防伪密码编成短信，瞬间鉴别真伪。

（三）验票环节

肉眼直观鉴别：由检票员进行简单、快速、直观的辨别；靠特殊的防伪仪器，如紫外灯等进行鉴别；使用条码扫描阅读器批量快速鉴别；对有争议和较难鉴别的门票通过特殊方式鉴别。例如 2005 年苏迪曼杯门票就设计了磁条防伪，每张门票背面都有一条磁条，所有的场次信息、座位信息、销售信息经过加密后在票券打印的同时写入磁条，且保证一票一码，不可复制。观众持票入场时，检票人员会用专业的设备检测票券真伪，如果是假票，检测器便会自动报警，防止假票持有者进入场内。在门票防伪上还可以将以上技术捆绑起来，采用综合防伪技术，可大大提高门票防伪的门槛，增加假冒难度。

二、电子门票

所谓电子门票，就是能够存入电子信息的门票。目前市场上流行的电子门票主要有以下几类（表8-1）。

表 8-1　不同电子门票对比表

种类	防伪性	容量	成本	应用设备成本	保存	其他
条形码	通过网络可保证	中	一次性投入成本低。运行成本较高	中	容易	在原有纸票的基础上提高了档次，安全、可靠、无法仿造，但磁条影响版面观看。且因卡版厚度略高于标准，经常发生出不了票的情况
接触式 IC 卡票	强	大	一次性投入成本较高。运行成本较低	低	容易	容量大、保密性强，但成本高，且不易操作，卡座易损坏，维护工作量大
非接触式 IC 卡票	强	较大	一次性投入成本最高。运行成本最低	低	容易	容量大、保密性强，成本更高，操作容易，因为不接触，设备故障率极低，但成本让众多景区难以接受

三、门票新技术——RFID 电子门票

利用无线射频技术（RFID）技术开发的门票防伪系统是市场的前沿产品，主要由电子标签防伪门票、RFID 读取设备和 RFID 中间件组成。该系统能够帮助体育场馆实现方便快捷的售票和检票，并能对持票人进行实时精准的定位跟踪。采用 RFID 电子门票，可以真正实现全球唯一 ID 号码、数据加密安全认证机制和非接触的门票识别，极大地提高了真假票的识别能力，从根本上杜绝假票并大大提高检票效率。RFID 技术可以实现人员通行的快速识别和检验；还可以在人员进出时，对门票进行标识，以防止门票被偷递而多次入场，有效减少因假票、窜票给主办方带来的经济损失。对重要赛事，根据安全管理的需要，甚至可以监控持票人是否进入指定位置。此外此系统还可以对观众信息数据进行统计分析，为类似活动开展提供潜在客户群资源，节约票务公司的公关成本；并且可以根据以往经验，形成黑名单，减少因为不良客户造成的不必要损失。

四、体育场馆电子门票管理系统的社会效益

利用电子门票这一传播媒介，无疑在体育文化宣传方面起到社会传播效应，使观众在赏心悦目的比赛之中得到一次生动的体育历史、文化熏陶。在交流领域，由于以往的纸制门票，尽管印刷精美，但在观众手中停留时间非常短暂，可谓一瞬即逝，而电子门票具有特有的永久性，具有广泛的文化、历史、人情、科技进步等方面的宣传、交流效应。在收藏领域，由于在门票的印刷上，可形成套票系列，每套以若干体育场馆为背景，形成丰富的多系列的电子门票纪念卡，将会成为收藏珍品。电子门票管理系统的应用，提高了现代化的管理水平，使经济蓬勃发展，体现文明进步水平，同时又提高了体育场馆的知名度，更加诱发观众观看比赛的欲望。

第三节　案例——霍普斯大学体育馆票务管理

霍普斯大学（Hoops University）体育馆拥有 12000 个座位，是美国第一级大学联盟"尖叫袋熊队（Screaming Wombats）"的主场。学校的体育部门领导 17 个运动代表队（9 个男子队与 8 个女子队），汤姆特瑞斐克（Tomterrific）是男子篮球队的教练，已经在霍普斯大学任教 8 年，为男子篮球队打下了良好的基础。在特瑞斐克教练任教前，球迷很少到现场观看球赛，从他上任后的第六年起，每一场主场比赛门票都销售一空，估计篮球比赛在年内的赛季期间可为学校带来 100 万至 300 万美元的利润。在整个体育部门中，篮球赛是唯一可以创造利润的运动项目。过去赛季安排在 12000 个座位的袋熊体育馆，观众的平均人数竟然超过 12500 人。但是，霍普斯大学还没有美式足球队。

霍普斯大学有超过 10000 名观众购买季票，每个赛季开始时会保留 1500 张单场比赛票，在赛季开始的时候销售，通常在几个小时内就卖完。为了服务球迷，学校保留了最上层的 500 个座位，票价为 10 美元的回馈票，在比赛当天早上 9 点开始出售。为了避免黄牛票，每人限定最多购买 5 张票。球迷可以从早上 6 点开始入场排队购买。通过严格的票务管理，充分保障了球队与球迷的利益，也保证了比赛的有序进行。

第九章　体育场馆信息化管理

第一节　体育场馆信息化管理

一、体育场馆信息与信息化

（一）体育场馆信息

随着计算机网络技术、新一代通信技术的发展，人们生产和传播信息的能力显著增强，促使信息成为当前社会中十分重要的生成性资源，因此，人们也将当下的社会时代称为信息时代。在信息时代，任何一个企业和组织要想获得竞争优势，掌握发展的主动权，都需要具有信息资源的掌控和开发能力。体育场馆的信息主要是体育场馆在管理和经营过程中产生和收集的各类信息。其内容主要包括社会中能够影响体育发展和体育场馆经营的社会信息，体育行业在发展中形成的行业信息，体育场馆在内部管理活动中的信息，体育场馆的市场信息等。体育场馆在经营过程中，必须对复杂的信息进行收集，并具备信息的分析能力，将各类信息整体成为高价值的信息资源，以便为场馆的市场营销、产品开发和服务提供必要的支持。

（二）体育场馆信息化

1. 体育场馆信息化的含义

体育场馆的信息化是指利用信息技术，使场馆具有信息收集、信息分析和信息开发的能力，并使信息资源在体育场馆的发展中发挥重要作用。具体来说，体育场馆的信息化应包括以下内涵：

①体育场馆需要结合信息化引进先进的信息技术，构建信息管理系统，形成分析和处理信息的能力，并用信息化手段来改进各项管理和服务工作。

②信息化必然伴随着体育场馆在理念和方法上的进步，从而推动体育场馆发展模式的变革。因此，信息化不仅是在技术上、管理上的信息化，也能让工作人员在思想意思层面，让场馆在整体的文化环境层面实现进步。

③信息化离不开场馆设施基础的支持，因此，场馆需要围绕信息化的需求，引进网络技术、通信技术、大数据技术、物联网技术等，从而实现场馆基础设施的升级。只有在配套设施的基础上，信息化的服务管理系统才能组建起来。

④在信息化过程中，人才是非常重要的资源，体育场馆要结合信息化，引进和培育一批掌握先进技术和管理理念的人才。

⑤信息化的重要思想是开放与共享。为此体育场馆应该加强开放与共享的力度，在信息化社会中探索更多的合作方式，从外界获得信息化建设的支持。同时，场馆要借助信息化平台与行业内的其他机构进行深度合作，实现信息的共享利用。

2. 体育场馆信息化的层次

体育场馆在信息化建设的过程中，应该按照本身的资源情况，结合信息化发展的规律，有层次、有步骤地完成信息化的过程。因此，体育场馆可以按照启动、发展、成熟的三个阶段进程，逐步实现信息化的发展方式。

在启动阶段，体育场馆需要进行基础设施的建设，加大投资力度，并引进新的技术人员和信息化管理系统。信息基础设施主要是网络技术、通信技术及信息技术应用的支持设备等，能够对信息化管理提供支持。这一阶段的信息化主要以局部的信息化为主，例如，财务管理系统、自动化票务系统和数字营销系统等。

在发展阶段，体育场馆应进行信息系统的整合。主要任务是用一体化的信息管理系统整合各个部门的业务活动，从而形成更为全面的信息管理系统。体育场馆的管理和服务都需要在信息化的系统下进行改进和升级，所有的业务都应该实现信息化，工作人员也需要具备使用信息化工具的能力。

在成熟阶段，体育场馆应该建立智能化的场馆，并向市场推行信息化的服务。体育场馆需要具备大数据收集和处理的能力，并从外部市场中整合信息资源，在行业内占据信息资源、技术和管理上的主导权，形成竞争优势。在服务方面，场馆能够搭建信息网络面向大众服务，并且能够给消费者带来智能化、个性化的服务。场馆以电子商务和网络技术手段来开发新产品，拓展自己的目标市场。

二、体育场馆信息化管理

（一）体育场馆信息化管理的含义、对象和任务

体育场馆的信息管理主要是指场馆应用先进的信息化技术，实现理念、管理方式的进步，从而改变过去管理模式中的弊端，使体育场馆真正打造成为现代化、智能化的场馆。信息化的管理首先是要在决策和规划层面制定信息化的目标和方案，其次是按照信息化的步骤进行具体实施，最后要形成稳定的信息化管理机制。

信息化的最终过程是要让信息系统深入到体育场馆的各个硬件设施、管理系统和业务领域，同时实现人的信息化发展，并且能够深入开发信息化的资源，创新产品与服务，拓展体育场馆的市场经营范围。因此，信息化的含义应该从技术、人文、经济这几个层面进行分析。

1. 技术层面

技术层面的信息化主要是指体育场馆在信息化建设中需要引进先进的技术与设备，进行技术的开发与利用，从而完成管理系统的技术改造。体育场馆在引进信息技术的过程中，需要制定合理的技术引进方案，使其能够适应场馆的实际情况。技术的类型包括硬件技术，即各类信息化的设备与设施；软件技术，即信息化的管理系统。为了实现技术变革，体育场馆需要与信息技术供应商进行合作，从而选择适应场馆发展的技术方案。信息的开发与利用，主要是指在完成技术改造后，体育场馆能够将信息技术充分利用起来，发挥信息管理、信息开发的作用，提高场馆的信息化经营能力。信息化管理系统，是指在信息系统的支持下，场馆将各个部门中的各项业务纳入到一体化的管理系统中，推行数字化和智能化的工作模式，实现管理模式的升级。

2. 人文层面

人文层面的信息化主要是指在工作人员的能力、管理理念和文化环境方面符合信息化的要求，按照信息社会的思想文化来改造体育场馆的管理和经营。这一层面的信息化主要体现在以下方面：一是体育场馆的发展要适应时代的发展，紧贴时代的主题，适应国家和地区以及体育行业的要求，形成信息化的发展环境。二是在信息化过程中加强人才的引进与培养，使全体员工能够具备信息化的思维，拥有信息化工作的能力，从而在信息化过程中建立优秀的人才队伍。三是建立信息化的制度文化，体育场馆在管理和服务中，都应该按照信息化的规律及要求来重新建立组织模式、管理机制，要按照信息化的要求为各项工作建立科学的工作流程。

3. 经济层面

经济层面的信息化主要体现在两个方面：一是从成本的角度认识信息化。体育场馆的信息化建设应该重视成本管理，使人才、技术、设施的建设能够适应场馆的客观条件，避免造成使用经费的超标，避免造成无用的投资和重复建设。二是从效益的角度认识信息化。即场馆的信息化应该产生实际的经济效益和社会效益，一方面要让场馆的管理效率、服务质量获得实质的提高；另一方面要借助信息化加强市场的开发，拓展体育场馆的业务范围，从而带来更多的经营利润。

（二）体育场馆管理信息化管理的内容

从管理职能的角度来阐述体育场馆信息化管理的内容包括信息化技术与产品、信息化规划及信息化工程实施等方面。此外，体育场馆的信息化具有自己的生命周期，是一个不断循环的过程，它一般要经过规划、实事、运营和改进等不同的阶段，从而满足体育场馆战略和业务运作变化和发展的要求。在信息化生命周期的规划、实事、运营和改进的过程中，始终贯穿3条线索：业务经营、信息化、信息化管理。不同的场馆处在不同的发展阶段，信息化过程的特点不尽相同。

第二节　体育场馆信息化规划

一、体育场馆信息化规划

（一）认识体育场馆信息化规划

信息化是一个需要在较长时间内逐步实施的过程，因此，体育场馆需要编制信息化的发展规划，为信息化的实施提供基本的框架和纲领。信息化规划应该包含的内容有：①明确体育场馆信息化的总体目标与阶段性目标，要按照信息化各个阶段的过程将场馆的信息化工作划分为近期目标、中期目标和愿景目标等实施阶段，明确各个阶段的任务，并按照预定的目标来评价实际工作的成果。②明确信息化实施的办法和保障措施，要通过规划来为信息化建立组织保障、政策保障和实施的方案，充分调动体育场馆内外的资源，使信息化工作切实可行。③结合规划的制定，对体育场馆进行信息化的建设做出市场调研，分析场馆的现状，总结各方面的事件经验，了解社会各行业在信息化过程中的背景，做好需求分析，提出可行性的报告。④了解国家和地方在信息化方面的政策，吸收国内外在信息化领域的先进理论和方法，为体育场馆的信息化提供坚实的理论保障。

场馆信息化规划在制定过程中，还需要坚持以下原则：一是可行性原则，使规划具有科学性、可行性，符合场馆的实际要求，能够为具体实践提供指导；二是坚持目标一致原则，要按照规划中树立的目标逐步推行信息化的方案；三是坚持变革性的原则，即信息化不只要在技术上实现，而且要推动场馆在管理模式、经营模式、组织模式上的全面变革，从而使场馆真正成为信息化时代下的新型场馆。在坚实的规划内容和总的原则基础上，体育场馆的信息化规划才能更好地指导实践，避免落入形式主义的窠臼。

（二）体育场馆信息化规划的层次

1.体育场馆信息化规划分类

信息化规划是一个涵盖面很宽的概念。从层次上来看，可以依次分为信息战略规划（ISP）、信息资源规划（IRP）、信息系统规划（ISP）、企业资源规划（ERP）。这几个层次是从组织战略出发，由远而近、由粗到细，逐步具体化、逐步实现信息化的动态递进过程。

2.体育场馆信息化规划的技术层次

信息化规划的实施需要建立在技术应用的基础之上，对于技术方面的规划，应该从四个层次入手：①基础层次，为场馆建立信息技术的基础平台和基础设施；②系统层次，要建立信息化的管理系统及服务系统；③模块层次，主要包括在信息系统的应用功能上做好规划建设；④应用层面，主要包括场馆要在信息化系统基础上，进行深入的应用开发，从而创造新的产品和服务，让工作人员和消费群体能够使用到信息化的技术。

3.体育场馆信息化的战略规划

战略规划是信息化规划体系中的重要组成部分，其主要意义是让场馆能够站在战略高度来规划体育场馆的信息化发展方向。战略规划能够为其他的详细规划做出指导，让其他部分规划能够联结为完整的体系，并使场馆各部门在信息化的实施过程中能够具有统一的目标。战略规划应关注的主要内容有：围绕体育场馆的管理经营方向，提出信息化改革的宏观目标；改革原有的发展模式，提出信息化背景下的新模式；结合市场需求和业务板块，创新场馆的产品和服务；掌握信息技术的发展，为场馆建设核心的技术体系和核心管理体系。

4. 信息系统战略规划内容

信息系统战略规划的内容主要由方向和目标、约束和政策及计划和指标三个部分组成。

（1）方向和目标

方向通常是指场馆在信息化的总体方向和愿景规划目标；目标即包含愿景目标，也包括近期目标，在规划中，应该为信息化的建设提出阶段性的发展目标，才能确保规划具备可行性。方向与目标的确定，一方面要适应信息社会的需求，满足信息技术的发展条件；另一方面要从体育场馆本身的发展现状和掌握的资源进行考虑。

（2）约束和政策

场馆在进行信息化发展过程中，需要不断适应技术的进步和市场环境的变化，能够从外部的机遇和挑战中，找到适应场馆的发展道路。面对内外环境的变化，在信息化的规划中，场馆应该制定好约束和政策，使场馆既能够结合变化来调整信息化的方式，也要坚持发展的目标，使各项工作保持一致。

（3）计划和指标

计划和指标是近期或目前的任务，主要工作是进行机会和资源的匹配。由于是短期行为，往往可以对目前的情况进行比较好的把握，从而制定出最优的计划，完成最好的指标。

（三）体育场馆信息化规划报告

1. 规划报告包括的内容

场馆在编制信息化规划时，需要结合规划内容做出规划报告，报告的作用是精炼概括规划的核心思想与主要内容，进而用于规划的宣传及对投资方进行报告。报告的主要内容有以下几点：①概括规划背景。需要结合编制规划时的调查研究内容，总结场馆信息化面临的社会背景，明确场馆实施信息化的必要性。②明确规划的指导思想。要结合国家和地方对信息化的政策情况，信息化的技术背景等信息，总结出体育场馆实施信息化的主要思想和理论依据。③建立信息化总的纲领和原则。着重说明场馆信息化需要坚持的原则是什么。④明确信息化目标与方向。要重点说明信息化规划中树立的方向和目标，让报告的对象能够清楚知道场馆的愿景构想和各个阶段的目标。⑤概括场馆的现状。从体育场馆的现实情况来介绍场馆所拥有的资源、技术等，着重介绍场馆在信息化发展中的优势。⑥概括需要解决的问题。要将场馆在信息化过程中面临的问题概括出来，指明解决问题的关键。⑦梳理场馆的信息化措施。要根据信息化各个阶段的目标，梳理场馆在实际工作中采取的手段和方法，明确提出信息化建设工作的总体进程。

2. 撰写报告的注意事项

规划报告的主要功能是向目标对象进行简明汇报，让人们能够快速了解场馆的信息化规划思路。在撰写报告是，需要注意以下事项：

第一，要有清晰的脉络和逻辑关系。规划报告要结合汇报、宣传活动来进行制作，因此逻辑必须清晰，让人能够一目了然。报告的逻辑思路要与规划中的思路保持一致，并且能够使用报告工作的要求，符合目标对象的接受习惯，增强说服力。

第二，在内容上既要全面，又要突出重点。制作报告是应采用 PowerPoint

等有效的工具，层次结构要清晰，版面设计要严谨，能够突出规划中的重点内容。

第三，要根据对象的不同，产生一定的变化。由于规划报告需要面向不同的受众群体来使用，因此，可以根据目标对象关注点的不同，对报告的重点内容进行调整，从而让报告的实用性更强。

二、体育场馆信息化需求分析

（一）体育场馆信息化需求分析

信息化需求包含了战略层、运作层和技术层需求三个方面：

（1）战略需求包括以下内容：一是体育场馆的信息化在战略层面上要为体育场馆未来的发展确立总的方向，为信息化建设提供宏观指导。二是在信息化过程中，既要对现状问题进行分析，也要着眼于社会环境和信息技术的未来发展，综合考虑体育场馆的未来需求。三是结合战略需求配置资源，并确立不同阶段的达成需求的措施。

（2）运作需求包含以下内容：一是仔细分析场馆各个部门和各项业务的需求，使信息化体系能够符合场馆发展的要求。二是找出场馆在管理经营中需要迫切解决的问题，按照信息化的手段帮助场馆解决运作层面的问题。

（3）技术需求包含以下内容：一是在技术层面实现场馆整体信息系统的整合，让分散的信息管理系统实现整合升级。二是结合信息化发展的时间周期，注重技术方面的实用性和前瞻性，为未来的发展保留技术升级的空间。

（二）体育场馆信息化需求分析

1. 把握体育场馆信息化需求的逻辑关系

体育场馆在信息化的需求方面具有多个层次的内容，而在规划和建设过程中，各方面的需求不能孤立存在，而是要形成基本的逻辑关系。无论是分析不同层面的需求，还是在实际建设中满足这些需求，场馆都应按照一定的关系来进行。因此，在规划规程中，规划人员应该多各类需求进行主次、先后的排列，让场馆在分阶段的建设中，有序地满足各方面需求，并且要确保各方面需求不会产生冲突。

信息化建设需要一个分阶段的长期实践过程，其建设也需要坚持整体性的思路。因此，当信息化的需求产生时，场馆也不可能一步到位地进行满足。为此，场馆在规划中应按照逻辑关系来逐步满足这些需求，其总的原则是：第一，要优先满足核心需求。核心需求主要是场馆在信息化过程中亟需解决的一些问题及影响信息化发展的瓶颈性问题。优先解决核心问题是场馆进行信息化建设的重要步骤。第二，从市场效益入手满足实际需求。体育场馆对信息化的建设和投资，应该能够对产品和服务带来实际效果，从而在场馆的市场经营产生收益，帮助场馆快速回收信息化投资的成本。

2. 需求分析采取的办法

（1）成立信息化小组

成立专门的信息化工作组，工作组成员应该包括技术人员、相关管理人员及业务人员、体育场馆各级领导，特别是高层领导。

（2）举办调查会或个别访问

这种方法可以使信息分析人员直接与管理人员及业务人员沟通，集中征询意见。但是由于时间等因素的制约，调查会不能完全反映出每个与会者的意见。因此，在会后还应根据具体需要进行个别访问。

（3）收集报表资料

将各部门日常业务中所用的各种单据、凭证等报表资料统一收集起来，通过对报表资料内容、相互关系进行分析，可以在一定程度上找出各部门在信息上的联系，从而提出对信息处理的改进意见。

（4）书面调查

根据信息化的目标设计调查表，用调查表向有关部门和个人征求意见、收集数据，这种方法是用于比较复杂的系统，它实际上是前两种方法的补充。

（5）参加业务实践

信息分析人员尽可能地参加各部门的实际工作，这样做可以站在用户的角度看问题，准确了解各部门对信息的需求。

第三节　体育场馆信息化项目管理

一、体育场馆信息化项目管理

（一）体育场馆信息化项目管理

1. 体育场馆信息化项目管理的含义

信息化项目管理就是以信息化项目为对象，按照项目管理的方法进行管理。一般可以理解为：信息化项目管理是在一定时期内，根据一定的信息化需求，依托一定的资源，为达成一定的信息化目标而进行的一系列活动。

2. 体育场馆信息化项目管理的组成要素

信息化项目管理主要包括需求、资源、目标和人员等组成要素。

（1）需求

项目需求主要是指满足用户的需求，信息化建设需要结合用户需求来确定方向和目标。在规划的过程中，规划人员需要对用户的需求进行市场调研，找出场馆能够为用户解决的问题，并根据其需求提出解决问题的办法。

（2）资源

在信息化的规划建设过程中，体育场馆的资源投入情况能够影响信息化的进度。信息化的资源主要来自两个方面：一是硬件资源的投入，即与信息化相关的物质资源、设施资源和技术资源等。二是软件资源，主要是影响信息化发展的人力资源、智力资源等。

（3）目标

信息化项目要求达到的目标可以分为两类：必须满足的规定要求和附加获取的期望要求。规定要求是个项目能否成功的关键，包括项目方向、质量要求、成本目标、实际目标等。

（4）人员

在信息化项目的要素中，人员要素很重要，但往往被忽略。项目组人员确定项目目标，推动项目进程，使项目成果创造价值，而且在信息化项目中，人力资本决定了项目的成效。

（二）信息化项目管理组织

1. 建立项目开发组织

项目组织就是为完成系统开发项目建立的组织，一般也称作项目管理机构、项目组等。项目组织决定了项目实施的成效，它视为一个明确的目标——系统开发而存在并运行的。

（1）组织机构设计涉及的内容

信息化项目的实施，需要拥有专门的组织机构来进行决策和管理。因此，体育场馆应该组建与信息化配套的组织机构，并应该明确组织的管理职责，做好人员的分工，提高管理能力。具体来说，组织的建设应包括以下内容：一是明确职责。要明确管理组织在场馆管理体系中的地位，明确上下级关系。二是建立管理制度。要明确组织所要管理工作内容，确立业务范围。三是配置人员。要结合信息化项目的需求来配置相关人员。

（2）设计项目组织遵循的原则

一是坚持整体性原则。信息化的管理系统应该成为一个完整的体系，才能发挥信息化的价值。如果各部门在信息化过程中形成了孤立的体系，在以后的发展中必然会造成诸多障碍，使各个系统之间无法协调。因此，场馆的信息化需要在中心系统的管理下，处理好各个分支系统的关系。

二是坚持集中与分散的结合。信息化的组织即能够让体育场馆实现集中化管理，也要使其功能分散到各个部门和业务当中，发挥具体的管理功能。因此，在进行项目组织建设时，要明确划分管理层级，把握集中与分散的组织结构。

三是坚持平衡发展原则。项目组织在搭建部门结构和分配管理任务时，要保持好各个部门的平衡，使不同的部门和人员都能够履行自己的职责。同时，要注意组织机构设置的精简性，减少多余人员和机构膨胀。

2. 项目管理组的构成和人员的组织

（1）项目管理组的构成

要想保证信息系统的开发工作的顺利开始，首先要建立个项目管理组这样的机构，项目管理组可以由负责项目管理不同方面的小组组成，由一个项目管理组长或项目经理的人来领导。一般来说，可以跟据项目经费的多少和系统大小来确定相应的项目管理组，比如项目管理小组可以由过程管理小组、项目支持小组、质量保证小组、系统工程小组、系统开发与测试小组、系统集成与测试小组等。

（2）人员组织

系统开发首先要做好人员组织工作。一般大型的信息化项目，其开发过程需要的人员有用户、系统分析员、数据库管理员、系统设计员、硬件网络设计员及程序设计员等。

二、体育场馆信息化实施

体育场馆信息化实施的基本原则

1.经济原则

经济原则主要是从成本与收益的关系方面做好规划，在保障信息化建设顺利实施的同时，注重投资上的集约化，要让信息化能够产生相应的效益，以免让体育场馆背上沉重的财务负担。经济原则应从以下方面得到体现：一是在信息化建设时采取分阶段实施的方法，逐步进行资源投入。要在规划时为整体的信息化划分不同的实施阶段，在有限的条件下突出信息化工作的重点任务，使场馆的资金、技术、人力等得到高效利用。二是要让信息化建设尽快产生实际收益。例如，要让信息化建设能够在体育场馆的市场开发、服务质量提升等方面产生实际效果，帮助场馆一边建设，一边产生经济收益。三是在信息化管理过程中，要引进先进的管理制度，应保证场馆在决策、管理中的目标明确，避免造成资源浪费、重复建设等问题。四是随着市场环境的变化不断调整，要让体育场馆具有较强的适应能力。

2.因地制宜原则

因地制宜是体育场馆的信息化建设能够满足各个部门和各项业务的实际需求，能够依据场馆本身的情况来进行建设。在建设过程中，要充分利用原有的资源条件来进行，避免进行颠覆性的改造。

3.全员参加原则

全员参加是指信息化要能够得到场馆全体部门和成员的支持，能够让各个层次的工作人员产生认知，并能够对信息化的建设和使用发挥各自的力量。在进行决策和规划过程中，场馆也需要充分吸收一线工作人员的意见，满足他们在工作中的需求；在执行过程中，每个部门都应该发挥自己的长处，为场馆的信息化集中更多资源。

4.领导推动原则

体育场馆的信息化建设是要在整体上实现场馆的信息化，需要对场馆原有的管理体系、组织机构和发展模式带来很大的改变，在建设过程中需要面临较多的困难和障碍。因此，在推进信息化过程中，需要得到高层领导的认同。场馆的管理层应该整体把控和管理信息化规划与信息化的实施，在管理层的支持下，还需要建立专门的信息化管理机构，从而协调各部门的工作，推动信息化发展。

第四节　体育场馆内部业务管理信息化

一、体育场馆内部业务管理信息化

体育场馆内部业务管理信息化主要包括办公自动化、人力资源管理信息化、财务管理信息化、资源计划信息化、场馆知识管理信息化。

（一）体育场馆办公自动化

1. 办公自动化的含义

办公自动化又叫 OA，是在信息化过程中形成的新办公模式和方法。其含义主要是指利用计算机、网络和先进通信技术，实现传统办公功能的数字化与信息化，提高办公效率的一系列手段。

体育场馆在信息化建设中，实现办公的自动化发展也是其中的重要内容。办公自动化不仅能够到来各个部门和员工在办公效率上的提升，更能用开放共享的形式，将办公构成一个整体，强化了各部门之间的联系。信息化办公系统能够让人与人、部门与部门之间的信息传播更加高效，奠定了合作化办公的基础。同时，信息化体系还可以打破原有的时空局限，让人们可以进行远程办公。

2. 办公自动化系统的功能

通常，体育场馆的 OA 系统包含日常办公、档案管理、会议管理、行政事务、信息服务等几大功能。

（1）日常办公

①信息交流。利用信息化系统，办公人员可以利用数字通信网络来进行联系，能够做到实时通信，随时交流各方面的信息。管理部门也可以通过办公系统建立与各个部门及个人之间的通信网络，能够在网络中进行任务分配。各部门也能够通过网络通信报告自己的工作成果。②工作任务安排。各部门和员工可以在办公系统中交待各方面的工作，系统也能够对员工需要完成的工作进行布置和提醒。③计划安排。各部门能够在网络中制定工作计划，安排各项工作的日程。个人也可以在管理系统中制定个人的时间管理计划。④工作监督。管理人员可以通过办公系统来监督各部门的任务进展情况，能够对办事人员进行督促，并能够从整体上把握各项工作的进度和结果。

（2）档案管理

实现对外单位来文及本场馆发文的登记、分类、标签、统计、保存，并提供查询和阅览服务。

（3）会议管理

会议管理系统主要包括会议管理和会议室管理两部分，具有会议计划、安排、记录、会议通知、会议纪要等综合会议管理功能。

（4）行政事务

行政事务主要包括车辆管理、值班管理、图书管理、资料管理、物品管理、经费管理等内容

（5）信息服务

通过体育场馆内部网或因特网与体育场馆内部管理系统或外部信息站点相连，报道相关信息，可以自己连接。主要包括体育场馆新闻、最新通知、行业新闻等，而内部信息则主要通过电子公告的方式进行发布。

（二）体育场馆人力资源管理信息化

1.人力资源信息化管理内容

在现代化社会中，人力资源成为企业和其他机构重要的资源，人力资源管理工作也成为各项管理事务中的中心。因此，做好人力资源管理，是一个单位适应社会发展的关键，而信息化建设为人力资源管理提供了更为先进的管理模式。对于体育场馆来说，信息化人力资源管理主要包含以下内容：

（1）组织结构

任何企业和单位在进行人力资源管理时，都需要将人员安置在一定的组织结构当中，使其担任一定的岗位职责，发挥自己的能力，并以组织形式对人才的发展提供保障。信息化的建设将给体育场馆的组织结构带来变革，能

够减少管理的层级，形成网络化的组织结构。在这个过程中，各方面的人员将会以项目组的形式进行组合，同时人员之间的合作共享将成为主流。同时，信息化也会让场馆产生新的部门和岗位，帮助场馆吸收新的人才，完成人才结构的转变。

（2）招聘管理

在人力资源管理工作中，招聘工作是其中的重要环节，这项工作是体育场馆吸收优秀人才的主要方式。在信息化条件下，实施网络招聘已经成为最主要的人才招聘方式。目前，市场中已经形成了十分丰富的网络招聘平台，通过人才与用人单位的在线交流，就可以完成大部分的招聘工作，为用人单位节约了大量人力成本。体育场馆可以利用信息网络，构建网络化的人才管理渠道，改善招聘管理方式，为人才的引进奠定基础。

（3）评估与培训

体育场馆为了实现人才的发展，需要建立有效的评估与培训机制。信息化网络系统能够帮助场馆收集人才数据，从而提高了人才评估的准确性和全面性。在人才培训工作中，体育场馆也应该利用先进的网络培训渠道，让员工能够在网络中学习新的知识和技能。目前，许多培训机构也推出了在线的教育课程，是进行人才培训的重要方式。员工通过人力资源部门发布在网络上的教育培训计划，自由选择想选修的课程，大大降低了培训的费用，提高培训效率。

（4）福利体系

通过在线福利体系，员工可以在线申请福利项目，了解目前应享有的福利和目前职位的待遇在社会和体育场馆内部的位置。

（5）沟通交流

在体育场馆内部网上，可以建有员工的个人主页，有网上论坛、聊天室、建议区、公告栏等。

（6）人力资源数据开采中心

对体育场馆所有人力资源数据的开采将成为人力资源部门的一项主要工作。实时的体育场馆人才知识结构的分析、招聘管理分析、评估分析、培训分析、薪资福利系统分析、组织管理分析，都需要专业人员对体育场馆的数据库进行开采，更好地挖掘、开发、管理人力资源。

2. 人力资源管理软件功能模块

目前市场上的人力资源管理软件，基本都包括人事信息管理、培训管理、薪资管理、时间管理、福利管理等模块。

（1）人事信息管理模块

信息管理模块能够帮助管理人员录入员工的各方面信息，在人员信息出现变动时，也能够及时进行更新。利用信息管理模块，管理人员可以更方便地对人员进行统计和分析，有效提高了人力管理的效率。

（2）培训管理模块

培训模块是针对员工培训的计划和内容制定的模块。利用这一模块，管理人员能够最各类培训活动做出高效管理，其中包括培训课程和培训计划的制定；跟踪培训活动的进展，查看培训的结果；收集员工产生的反馈，找到培训中出现的问题；为参与培训的员工建立数字信息档案，帮助管理人员进行信息管理等。

（3）薪资管理模块

利用信息化的人力资源管理，场馆能够对员工薪资进行有效管理。其主要作用包括：进行高效快捷的薪资计算；按时向员工发放工资；核对薪资成本，协助进行财务管理；对员工薪资的调整做出规划等。

（4）时间管理模块

时间管理模块的主要功能是对员工的考勤、项目的进展时间、员工的工作时间进行管理。该系统可以自动化记录员工的考勤情况，协助管理人员进行考勤方面的管理；能够对各项业务工作的时间做出计划和安排，实现项目的跟踪；对各部门和全体员工的工作时间做出计划，加强场馆的时间管理。

（5）福利管理模块

福利管理是人力资源管理中比较繁琐的内容，因此需要以信息化的手段来协助管理。例如，员工的节假日福利、员工和部门的额外奖励、员工的个人福利、企业单位的各项文化活动等都可以纳入到信息管理系统当中。

（三）体育场馆财务管理信息化

任何企业和单位的财务管理都是一个专业化、系统化较强的管理项目，实现财务管理的信息化是企业和单位迈向信息化发展之路的必要条件。体育场馆需要掌握大量的投资、贷款、经营收入和固定资产管理等，因此，财务工作也是各项管理事务当中的重心，场馆有必要为财务管理工作建立信息化的管理制度。

信息化财务管理是利用计算机技术、网络技术及专业化的管理软件来实现的，是对传统财务管理模式的一次革新。财务管理系统能够让财务人员将大量的财务工作交由计算机来处理，从而产生更高效和更精确的结果。体育场馆要想实现财务管理信息化，需要达成以下要求：①使财务人员提高认识，提高财务软件的使用技术。②通过计算机软件和网络系统掌握财务信息，实现对财务信息的处理。③财务管理应与场馆的业务体系在整体性的信息化系统中联系起来，提高场馆的管理经营效率。④通过信息化渠道，实现场馆财务活动和外部的有效链接，其中包括与银行、保险、社会保障部门和其他行业的衔接。

　　财务管理信息化的建设离不开财务软件的支持，财务软件主要来自两个方面：一是购入成型的财务软件。体育场馆在财务管理中只需要按照软件的要求来操作就可以实现管理，财务人员仅需要进行必要的训练就可以完成对软件的操作。这种方式不需要场馆为财务管理投入更多的资金、人力和技术，但不足之处在于无法满足场馆的特殊性要求。二是大型场馆可以根据需求情况自行开发和定制相应的财务软件。其优点是能够结合场馆财务的特点来开发有用的功能，但对于操作人员的技术水平要求较高，也会增加财务管理的成本。

　　2. 财务管理系统的功能模块

　　财务管理软件的一半结构是从系统的功能层次结构来反映的。所谓功能结构是指系统按期功能分层、分块的结构形式，即模块化的结构。

　　财务系统一般包括财务处理、工资管理、财务分析、资金管理、固定资产管理、采购管理、销售管理的功能模块。财务管理软件包括以下模块。

　　（1）总账系统：这是每个财务管理软件的核心，对所有的会计核算软件来说都是必不可少的，总账处理的工作量也是最大的，包括凭证的输入、审核、记账、账本的查询、输出等。

　　（2）出纳管理：包括收入管理、支出管理、出纳账处理等。

　　（3）应收应付账：包括往来单位管理、应收应付核销、账龄分析等。

　　（4）报表处理：主要用来处理报表的定义、编制、输出。

　　（5）工资的核算：包括工资的编辑、计算、工资的发放、工资的分摊等。

　　（6）固定资产核算：包括固定资产增减变化、折旧计提、固定资产分摊等。

　　（7）交易核算：包括举办各种比赛的收入、出租场地、器材的收入、收益毛利的核算等。

（8）成本核算：主要包括直接成本处理、间接成本分摊、成本的计算等。

（9）财务分析：在核算的基础上对财务数据进行综合分析，一般有预算分析、前后期对比分析、图形分析等。

（10）报表合并：将上游和下游企业或单位间的财务报表加以汇总，将两者之间的内部交易、参资等会计业务相互抵消。

三、体育场馆商务信息化

（一）体育场馆电子商务系统

1.电子商务系统的构成

体育场馆在信息化的经营中，需要构建符合场馆需求和消费者需求的电子商务系统。目前，随着网络技术、电子支付手段、通信技术的高速发展，我国的电子商务市场已经颇具规模，在各个领域都形成了与之相配套的电子商务体系。

通常来说，尽管电子商务的形式也业务范围十分多样，但电子商务系统在构成上基本离不开三个层次的结构。其中底层结构是电子商务所依赖的技术基础，主要是高效的网络通信和数据处理技术，由计算机和网络通信来提供支持。中间结构是构成电子商务的关键技术，包括电子支付、身份识别、账户安全及数字化客服等内容，随着电子商务模式的成熟，其技术还囊括了配送系统、营销推广系统、点评反馈系统等。顶层结构主要是面向用户的各类应用技术，例如商务平台的搭建等。

体育场馆的电子商务系统构建，即可以从零售行业和其他服务行业的电子商务平台中借鉴经验，也需要结合体育场馆产品和服务的特点，体现特色化的发展，为用户提供高质量的服务。在构建电子商务系统时，应注意如下环节的搭建：

①用户身份的认证。由于网络中的用户都是以远程的方式进行交互的，因此身份的认证是十分重要的环节。身份认证相当于网络中的身份证，由相关的 CA 认证中心来负责，能够是交易的双方在安全的环境中进行活动。

②智能化的客户服务。通常平台的使用者需要结合商务系统配套相应的网络客服服务体系，从而能够及时与用户进行交流，获取用户的信息，对用户提出的问题进行回应。服务中心的搭建是体育场馆提高电子商务服务质量的关键所在。

③产品和服务的配送体系。在买卖双方进行电子交易后，需要有完善的配送体系将产品和服务送到消费者的手中，才能算是完成了交易过程。体育场馆所提供的产品和服务不同于一般的零售商品，因此，对于配送体系的研究和创新十分重要。如果是门票或实体商品销售，可以利用发达的物流渠道来进行配送。

④电商平台的搭建。电商平台包括内网和外网。内网是存在与互联网中，但在互联网中是相对孤立的网络体系，主要用于场馆内部管理的使用。其服务对象是场馆的主要部门和员工，不同人员需要不同的权限进入内网，从而能够对网络中的信息进行维护和更新，以实现更好的电商服务。外网是面向用户开放的电商平台。其要求是做好客户端口的设计，提供便捷的注册、登录、搜索和交易功能，加强对体育场馆信息的传播，能够让用户通过客户端更方便地访问网络，从而得到自己想要的商品和服务。

2. 电子商务系统的功能

体育场馆向广大消费群体提供的大多是一种无形的产品和服务，在网络交易中具有特殊性，因此，体育场馆电子商务系统的功能应该围绕消费者的需求来进行，具体功能应体现在以下几点：

①宣传推广。通过电子商务平台，消费者可以利用网络页面来浏览场馆信息。利用网络信息传播快速、时效性强的优势，体育场馆应借助电商网络做好宣传推广。尤其是在体育场馆推出新的活动和服务时，应该建立专门的主题页面，最大程度吸引消费者注意；对于场馆重点推介的产品，应该放置在醒目位置，让消费者更快注意到。

②服务和交流。场馆应该完善电子商务的客户服务功能，与用户进行及时的沟通。另外，可以借助其他的社交软件来强化交互功能，如微信用户群、微信公众平台和微博平台等。

③支付方式。目前的电子支付方式主要有支付宝、微信平台和电子银行等。鉴于用户使用的支付习惯不同，体育场馆应该提供多种形式的支付手段，让用户能够便捷地完成交易。

④电子账户。网上支付必须要有电子金融来支持，即银行或信用卡公司及保险公司等金融单位要为金融服务提供网上操作的服务，而电子账户管理是其基本组成部分。

⑤服务传递。对于已经付款的客户应使他们尽快获得租赁的场地、器材，服务传递系统可以在网络中进行物流的配送和场馆使用时间的安排。

⑥意见征询。客户的反馈意见不仅能提高服务的水平，更能使体育场馆获得发现市场的商业机会。

⑦交易管理。整个交易的管理将涉及人、财、物多个方面，体育场馆和其他企业、体育场馆内部等各方面的协调和管理。因此，交易管理涉及商务活动的全过程。

（二）体育场馆协同商务系统

协同商务是指企业和其他主体在高度分工协作的社会体系下，通过相应的商务系统与其上下游供应链和其他行业进行的商务合作。协同商务是企业和其他主体得以发展的必要条件，能够强化分工协作的作用，为企业单位的经营供应充足的资源。高度发达的互联网技术和电子商务模式为企业间的协同商务合作提供了更高效的条件。

体育场馆在管理经营活动中，也需要建立多样化的合作伙伴和上下游供应链，在合作过程中能够实现资源、信息、市场的共享，实现体育场馆的健康发展。在电子商务模式中，体育场馆应该为自身的经营构建信息化的合作平台，使场馆的合作伙伴能够在同一的信息平台下开展信息交流和商务合作。体育场馆是一个综合性很强的文化服务机构，其合作伙伴不仅包括体育行业的其他机构和企业，也会涉及其他的行业和部门，如媒体机构、政府部门、生产企业和其他服务行业等。因此，建立完善的协同商务系统，对于体育场馆的发展是十分必要的。

第五节　案例——雅典奥运会的信息管理

雅典奥运会的信息管理人员达到 3400 人之多，其信息系统几乎打破了技术项目的所有"记录"。这届奥运会的主要服务提供商是法国"网络工程公司"（AtosOrigin）。他们管理 10500 台计算机，450 台服务器，4000 个比赛结果显示终端。AtosOrigin 希望同时监控 200000 个终端接口，以供 10500 名运动员和 2500 名新闻工作者使用，确保准确的记录，报告所有比赛结果和统计数据，并为运动员和记者提供必要的信息。有 2200 名志愿者，AtosOrigin 的 480 名员工和组委会的 780 个技术合作伙伴维护该系统。工作面临困难，除了技术人员之间的语言问题外，还有不同的企业文化差异。AtosOrigin 负责技术兼容性，克劳德菲利普（Claude Phillips）被组委会选为由 30 名成员组成的中央技术领导小组的成员，该小组负责在多个位置安装信息基础设施设备。菲利普在盐城湖度过了两年，在雅典度过了两年，奥运后将前往都灵。

奥运会的信息系统看似很松散。实际上，在执行每个计划之前，都要举行听证会，以前在互联网上发布的信息资源不仅可以确保成功实施，还可以降低成本。像这次，希腊人基本上按时建造了体育馆，尽管外界对此感到焦虑。但是，人们说"这与在没有 ERP 控制的仓库的情况下进行的操作相同"，这是很自然的事，可以在体育场提前建成后节省维护和保护成本。

在现代比赛中，不仅许多运动员使用高科技设备和技术取得了不错的成绩。运动本身也采取了越来越多的技术措施，这些措施与管理和仲裁工作有机地结合在一起，以确保比赛的成功。例如，在体育馆中，当运动员离开起跑板而在发动发令枪响之前或在发令枪响后十分之一秒内起动，被认为是"抢跑"。因此，在比赛中使用"反应时间设备"进行仲裁。裁判系统和启动器通过无线方式或通过电缆连接，以控制所有参加比赛的运动员的踏板压力，并精确确定某人是否犯规。篮球比赛中的"智能口哨"更加有趣。裁判员的哨子配有微型传感器。哨声响起时，信号将通过无线电传输，工作人员将自动控制比赛计时设备，而无需手动操作。放置在裁判腰带上的发射器有一条细线连接到哨子，但是当比赛恢复进行时，裁判将使用手动按钮再次控制比赛。起跳检测器也安装在泳池平台上，除了监视跳跃动作外，还可以用于监视接力比赛。仅当前一个运动员在游泳池旁触摸传感器时，投手检测器上的"禁令"才被解除，而下一个运动员则被允许跳跃。尽管电子系统的精度不难达到千分之一秒，但由于泳池的构造存在技术问题，它只能以百分之一秒的精度进行控制。

同样，在自行车比赛中，所有自行车都必须配备应答器，该应答器通过无线电传输标记赛车手的确切位置，并自动记录越过终点线的时间。在越野比赛中，放置在后轮上的检测器连接到 40 公里外的活动终点站的天线。计算机将位置信号转换为时间和驱动转弯的指令，并连续检查。在水上比赛中，赛艇比赛的每个短段都被记录下来，并且是判断比赛结果的重要依据。在比赛结束时，所记录的不是运动员的到达时间，而是以每秒 1000 次的速度记录的图像，它可以看到时间和运动的经过。因此，除了传统的 100 米短跑冲刺外，还可以保证以几秒钟的精度计算其他锦标赛的成绩。该摄像机还用于跳远，记录从起飞到着陆的每一刻，并严格监控运动员的脚是否接触地面。同时，风速计记录线路位置处的瞬时风速。在野外，野外的一端有一个经纬仪，它是根据角度和距离来计算的。裁判员使用棱镜标记了发射装置的着陆点，该反射器反射了经纬仪的红外光，可以精确测量 5 毫米至 100 米的距离。至于结果的宣布，数据同时传输到大型等离子屏幕，可以清晰地显示运动员的姓名和表现。

第十章　体育场馆的安全管理

第一节　体育场馆社会治安管理

社会治安是任何一个体育场馆赖以维持其正常运作的基础。可以说，没有一个稳定的社会治安秩序，体育场馆就无法正常运行。本节主要介绍体育场馆社会治安管理的内容和方法。

一、体育场馆社会治安管理的内容

社会治安是指国家通过法律、法规和运用警察职能以及治安行政管理手段所建立起来的一种稳定安宁的社会秩序。体育场馆社会治安特指体育竞赛期间体育场馆区域内的一种稳定安宁的社会秩序。体育场馆社会治安管理的内容包括以下几个方面。

（一）体育场馆区域内的治安案件状况

由于体育场馆中的人流量众多，人员成分复杂，且由于体育赛事的激烈性等原因，因此场馆内外是治安事件的高发地区。治安案件的防治与管理，需要按照《中华人民共和国治安管理处罚条例》来进行。在该条例中，我国规定了治安案件的类型，在体育场馆内外经常发生的是打架、斗殴、扰乱公共秩序等行为，如果事件不构成刑事犯罪，就需要按照治安案件来进行处理，各地的公安部门可以对治安案件的肇事者进行处罚。此外，如果体育场馆周边发生影响社会安全的事件或灾害事件，也可以按照治安案件来进行处理。体育场馆在举办活动时，应该主动维护社会秩序，为创造平安的社会秩序做出努力。

（二）场馆解决社会治安问题的能力

体育场馆是社会中重要的公共活动场所，也是人员集聚的重点区域。因此，在进行管理和运营中，场馆需要建立安全管理的长效机制，要采取一系列措施防范刑事案件、治安案件的发生。为此，体育场馆应该建立专门的安全保卫部门，通过引进监控设备等对场馆及周边的社会安全尽到职责。对于治安问题的防范，应该以预防为主，并采取以下措施：一是与本地的公安机关进行联络与合作，遇到治安及刑事案件需要及时报警，并为警方提供必要的证据支持。二是建立专业化的治安防范队伍，加强安全保卫工作和秩序维护工作，防止消费人群发生冲突。三是做好现场监控，完善照明设施和报警设施，尤其是对于体育场馆的死角进行防范，营造良好的体育场馆环境。四是加强宣传工作，要面向消费人群进行安全警示教育，让消费者具有遵纪守法的意识。

二、体育场馆社会治安管理的方法

体育场馆的治安管理需要具备相应的组织保障和人员保障，并结合各类治安问题采取有针对性的防范措施。体育场馆治安管理方法主要有行政方法、教育方法、信息系统管理方法三类。

（一）行政方法

体育场馆治安管理应该以行政制度为保障，重点针对体育场馆的内外环境和体育场馆的消费人群采取治安防治措施。行政制度管理主要通过以下方式进行：一是体育场馆管理层要设置治安管理的行政机构，要有高层管理人员负责场馆的治安建设，通过行政手段和管理决策，为体育场馆建立治安管理的制度和办法。二是行政部门要联合其他部门开展治安防治工作，在场馆的各个管理层面建立治安防范的保障体系。三是建立专业户的安保人员队伍，并运用先进的技术手段维护场馆秩序。四是在体育场馆举办重大赛事时，要为其建立专门的治安领导小组，做好安全环境的排查工作，为重大赛事活动提供安全保障。

（二）教育方法

教育方法主要是在日常管理和运营中加强安全教育和社会治安内容的宣传推广，教育的对象是场馆的基层工作人员及消费者。人的安全意识、法律知识和道德素质的提升对于创造良好的治安环境是十分重要的。为此，场馆一方面要宣传安全知识，教育全体人员学会维护自身安全的方法，提高人思想道德素养；另一方面要加强警示教育，在场馆中开展普法活动。教育方法的内容有：一是传播安全观念和方法，使人能迅速适应场馆安全环境。二是使人不仅能知其然，而且能知其所以然，从根本上提高观众的安全素质。

三、体育场馆安全保卫工作

为了维护体育场馆的活动秩序，创造平安的场馆环境，体育场馆必须将安全保卫工作当成管理工作中的重要内容。无论是日常管理还是举办大型赛事活动，都应该将安全看做第一要务。场馆要以安全的环境迎接大型赛事活动，从而赢得各方合作伙伴与广大消费者的信任。

（一）大型活动的安全保卫工作

体育场馆除了承接各类体育赛事活动之外，还会承接大型文艺演出、大型商业营销等活动，这些活动都具有人流量大，环境复杂的特点，因此安全保卫工作是确保活动顺利进行的根本保障。在举办大型活动时，场馆应该根据活动的内容和规模来制定专门的安全保卫计划，要与活动的主办方及公安部门联合确保现场的安全，要针对各种突发状况做好事件应对预案。

1. 活动前

①熟悉本场次活动的各种票证；明确本岗位的责任和要求；值班人员要保管好钥匙，按规定时间准时开门。

②认真把好入场关：凭当场有效票证放行，无票证人员不得入场。验票工作要认真负责，防止闲杂人等混进场馆。

③维护好入场口秩序，发现问题妥善解决并及时向有关领导汇报。

④门口值班人员要坚守岗位，不得擅离职守。

⑤观众入场后，所有入场门要虚掩（不得上锁），随时准备疏散观众。

2. 活动中

①维护好入场口、看台通道和台阶秩序，保证各通道畅通无阻。

②宣传场地内严禁吸烟，不听劝阻者送有关部门处理。

③值班人员要在规定区域内不断巡视，加强对现场秩序的管理。

④为维护好现场秩序和应付可能发生的问题，除事先进行宣传教育外，对地位重要、影响大和秘密性强的要害部位，如比赛现场、主席台、贵宾休息室、运动员休息室、灯光和音响控制室等，要安排必要的工作人员进行巡

逻检查，确保赛会顺利进行。

3.活动结束后

①工作人员在观众和运动员离开场馆前不走。

②现场有易燃易爆物品未清除前（或场馆内有不安全隐患未解决前）不走。

第二节 体育场馆消防安全管理

体育场馆人员密集，尤其是在一些有重大影响的赛事期间，观众人数基本达到饱和程度，一旦发生火灾，会对场内的观众造成心理上的恐慌，从而引起场内的秩序混乱。

一、体育场馆消防安全管理的内容

（一）消防档案管理

消防档案是反映场馆基本情况和消防安全管理工作情况的重要载体，体育场馆管理部门应当按照有关法律法规的规定建立健全消防档案，并严格管理。档案内容应含以下两个方面：

1.消防安全基本情况

①单位基本概况和消防安全重点部位情况。

②消防设计审核、验收以及消防安全检查法律文书。

③消防安全管理组织机构和各级消防安全责任人。

④消防安全制度和消防安全操作规程。

⑤消防设施、灭火器材情况。

⑥义务消防队人员及其消防装备配备情况。

⑦与消防安全有关的重点工种人员情况。

⑧新增消防产品、防火材料的合格证明材料。

⑨消防安全疏散图示、灭火和应急疏散预案。

2. 消防安全管理情况

①消防设施检查、自动消防设施测试、维修保养记录。

②火灾隐患及其整改情况记录。

③防火检查、巡查记录。

④电气设备检测等记录。

⑤消防宣传教育、培训记录。

⑥灭火和应急疏散预案的演练记录。

⑦火灾情况记录。

⑧消防奖惩情况记录。

⑨公安消防机构签发的各种法律文书。

3. 保管

确定消防档案保管人员。

（二）场馆建筑消防设施配备及使用

1. 消火栓

（1）室外消火栓布置间距不应大于 120 米，距路边距离不应大于 2 米，距建筑外墙不宜大于 5 米。

（2）下列场馆建筑空间结构应设置室内消火栓：

a. 超过 5 层或体积 ≥ 10000 立方米的建筑。

b. 体积超过 5000 立方米的空间结构。

（3）设置在高层办公建筑内。

2. 火灾应急照明

（1）建筑的下列部位应设有火灾应急照明：

a. 封闭楼梯间、防烟楼梯间及其前室、消防电梯间及其前室或合用前室。

b. 设有封闭楼梯间或防烟楼梯间建筑的疏散走道及其转角处。

c. 疏散出口和安全出口。

d. 消防控制室、自备发电机房、消防水泵房以及发生火灾时仍需坚持工作的其他房间。

（2）火灾应急照明的设置应符合下列要求：

a. 火灾应急照明灯宜设置在墙面或顶棚上，疏散用的应急照明灯照度不应低于 0.5Lx，发生火灾时仍需坚持工作的房间应保持正常的照度。

b. 火灾应急照明灯应设玻璃或其他不燃烧材料制作的保护罩。

c. 火灾应急照明灯的电源除正常电源外，应另有一路电源供电，或采用独立于正常电源的柴油发电机组供电，或可采用蓄电池作备用电源，其连续供电时间不应少于 20 分钟，或选用自带电源型应急灯具。

d. 正常电源断电后，火灾应急照明电源转换时间应不超过 15 秒。

二、体育场馆的消防安全知识

体育场馆的环境复杂，设备器材较多，用电量大，且具有人员密集的特点，有着较高的火灾隐患，因此消防安全管理是需要着重关心的问题。体育场馆一旦出现火灾，就很容易快速蔓延，从而酿成威胁人身安全和财产安全的重大事故。体育场馆应该为消防安全制定专门的管理办法，在日常管理中，要时刻注意消防安全。

1. 燃烧与火灾

火灾一直以来都是威胁人民群众安全的重大灾难事故，尤其是当前的各类城市设施中，易燃物品非常多，各个场所的用电量较大，且各方面的人员都有吸烟和使用明火的习惯，因此全社会的火灾发生率是比较高的。

火灾引发的原因，除了自然灾害因素外，更多的是人为因素导致，而人为因素产生的原因有以下几种：一是防范意识不高。在日常管理中，如果对火灾隐患疏于防范，就有可能导致重大的火灾事件。例如，不规范用电，乱用明火，随意乱扔烟头等，在很多时候，工作人员往往因为粗心大意而造成火灾事故。二是对消费者疏于管理。体育场馆有责任向消费者进行消防安全传播，对消费者有可能引起火灾的行为进行防范，如吸烟、燃放烟花和使用电器等。三是对用电器材的使用管理不规范。如果场馆内的用电设备使用不规范、安装不合格，或是设备存在老化问题、质量问题等，就会给场馆带来火灾隐患。

2. 火灾的预防

由于体育场馆属于火灾事故的多发场所，因此时刻做好消防安全工作是场馆管理者和全体员工义不容辞的责任。消防安全无小事，体育场馆进行消防安全管理就是要坚持预防为主的原则，在思想上不能麻痹大意，通过细致入微的工作消除一切火灾隐患。因此，火灾的预防工作需要从以下的基本措施入手：

①经常性进行防火安全教育工作。体育场馆在日常管理、员工培训和各项会议当中，应该经常进行防火安全教育，使其将自身安全、顾客安全和场馆的安全联系起来。让员工能够时刻火灾的预防引起警觉，在思想上保持专注，在工作中能够注意正确使用各类设备和电器。

②场馆在建设过程和设备安装过程中要达到防火标准。一是场馆的选址

应该远离易发生火灾的区域，地理环境要开阔，交通要便利，易于疏散和救火。二是建筑材料要达到耐火标准。体育场馆需要使用大量的钢材，但钢材会在高温下失去支撑作用，容易发生坍塌事故，因此要对其进行防火处理；门窗、幕布、家具和涂料等都需要达到防火标准，应大力推广耐火材料。

③场馆在供电、配电安置方面应做好消防管理。一是场馆使用的变压器、电容器、应急发电机、锅炉和燃油等应配置在专门的建筑中，由专人进行管理，要达到消防安全要求。二是供电的管线等应加强安全保护，防范漏电事故的发生，要保障设备的质量，防止管线的老化。三是场馆内外应配齐消防设备和器材，要为消防工作提供专门的供电线路，一旦发生火灾事故，能够使消防用电正常供应。

④各类场馆尤其是室内体育馆在通风设备安置上要符合要求。体育场馆由于空间较大，通常会使用大功率的通风设备，在采购和安装时，要保障这些设备达到质量要求。通风设备的管道需要记性防火处理，线路的布置和设备的要安装合理，易于进行检修，并且能够与其他设备隔离开。

⑤体育场馆内外需布置齐全的消防器材。一是消火栓的布置要合理，密度要够，并且能够方便人们的使用；二是场馆内部的各个独立空间都应安置烟火警报装置和自动化喷淋设备。

⑥建立健全消防管理制度。场馆应依据消防安全需要设置专门的领导小组，并制定防火安全的管理制度。一是推行消防安全责任制。在领导小组负责的情况下，各部门需要安排消防安全的第一责任人，将消防责任落实到个人。二是建立值班制度，在场馆的营业时间和无人期间都需要有专门人员进行检查，找出场馆在防火安全上的漏洞，检查各区域用电情况和是否存在火源。三是在各项施工、活动组织行为中要推行防火安全条例。无论是设备安装、场馆施工、还是日常经营中，都需要指导工作人员正确操作各类设备，

掌握防火安全知识，提高火灾防范意识。

⑦在消防安全领导小组指导下，经常开展消防检查工作。检查工作可以让基层部门提高防火意识，并找出防火隐患和各部门工作中的漏洞。安全检查应采用定期检查和突击检查两种形式。在举办活动之前，应该进行定期检查；在日常管理中，应随时进行突击检查和抽查。在检查的基础上，领导层要将消防观念与责任落实到基础部门，使其能够对自己的职责区进行自主检查。

⑧经常性进行消防演练。为了提高场馆上下的消防安全意识，提高员工和顾客应对火灾事故的能力，体育场馆应随时组织消防演练活动。在演练过程中，应按照防火的操作规程让场馆人员具有正确的应对能力。要让员工能够正确使用消防设备，做出正确的操作能够应对各种类型的火灾隐患；要与社区及消防部门合作，面向周边居民和消费者进行消防演练。

3. 火灾的扑灭

在火灾发生时，相关人员能够做出正确应对，将火灾及时消灭在可控范围内，是避免造成严重事故的关键。火灾在发生之初是比较容易被扑灭的，然而一旦蔓延，其危害性就会呈指数扩大，也更难以被扑灭。

在灭火过程中，人员的冷静和正确处理是十分重要的。相关人员需要掌握正确的方法来应对火灾，对于各种燃烧物的处理要有科学知识和正确应对，选择正确的处理方式，能够有效扑灭刚刚发生的火情。场馆在日常管理中，要指导相关人员对场馆中各类可能引起火灾的情况进行教育和演练，让员工掌握正确的火情处理方法。

4. 消防安全管理的方法

（1）数据化管理

通过建立完善的消防档案，并对其进行科学的分类和归档管理。作为场馆的安全防范系统设计，应做到全方位的监视，为可疑情况留下取证的第一手资料。

（2）应急管理

消防管理具有很强的突发性和应急性，因此需要通过应急决策对下级进行管理。当组织高层管理者确定了消防应急管理目标后，必须对其进行有效分解，转变成各部门以及各个人的分目标，根据分目标的完成情况对下级进行指挥和管理。

（3）宣传和教育

教育方法是用不同的形式解决被管理人员思想问题的方法，人们常说的精神激励、思想政治工作、行为科学就属于教育方法。在运动会期间，许多举办国和举办城市为了保证在此期间的安全，调用大量的警力和人力，也给予想恣意闹事者心理上的震慑作用。

三、体育场馆消防及应急管理

体育场馆应有消防应急预案。所谓消防应急预案指面对突发消防事件的应急管理、指挥、救援计划等。它一般应建立在综合防灾规划之上。其几大重要子系统为：完善的应急组织管理指挥系统，强有力的应急工程救援保障体系，综合协调、应对自如的相互支持系统，充分备灾的保障供应体系，体现综合救援的应急队伍等。体育场馆在使用时聚集了成千上万的公众，因而，场馆要严格遵循国家关于场馆使用的规定，制定完善的制度和"应急预案"，在发生事故或灾害时组织实施。场馆和城市的应急状态系统要有机衔接，智能安防系统、应急通信系统要保障通信和安全。

（一）应急预案主要内容

　　围绕体育场馆的消防安全和其他应急事件的处理，场馆结合各类事件编制相关的应急预案。应急预案的作用是指导各部门的事件处理工作，结合预案进行宣传教育和事件演练活动，以便在事件发生时能够让各个部门进行及时有效的应对。应急预案的编制要科学有效，具有可行性，并符合相关部门的法律法规。预案的总体框架包括：①总则。这部分内容是对应急事件的概括，讲明事件的原则、依据和总体应对策略。②建立组织保障，明确相关责任。在预案中要说明场馆为应对突发事件建立的管理机构和人员配置情况，要明确管理机构及其他部门的主要责任，以便让各部门在进行应急处理时能够按照职责来行动，是应急处理有序进行。③建立预警机制。对于应急事件，要采取预防为主的原则，让各部门能够防范突发事件的发生。同时要建立预警机制，提出监测、告警的具体措施。④建立相应机制。需要根据事件的严重应分别设立响应等级。在应急响应过程中，需要针对指挥协调、信息分析、对外联络、现场指挥、人员救治与疏散等各方面工作做出详细说明，让各部门和各方面人员能够采取有效的措施。⑤事后处理和安置。在应急事件发生后，场馆还需要做好安置和善后工作，其中包括事故调查、总结经验、危机公关及对受灾群体的安置等工作。⑥建立保障机制。主要包括制度保障、政策保障、技术保障等，要提出应急事件预防及处理的宣传、教育、人员培训和事故演练等具体措施。⑦附件说明。要对应急事件中涉及的知识、概念等做出说明，对必要的信息进行解释，确保相关人员能够深入理解预案的内容。⑧附录。用表格、图形等方式对必要信息进行公布，如设备目录、人员名录、联络方式等。

（二）应急预案的编制方法

应急预案的编制一般可分为 5 个步骤，即组建应急预案编制队伍、开展危险与应急能力分析、预案编制、预案评审与发布、预案的实施。

1. 组建编制队伍

为了确保应急预案的科学性、合法性和可行性，在编制预案的过程中，场馆需要组建专业化的编制队伍。队伍的人员应该包括场馆内的各个部门的高级人才，还需要在社会中聘请相关的专家和社会应急部门的人员。在编制过程中，需要向各个基层部门广泛征求意见，吸收基层人员在事件处理中的经验，确保紧急预案切实可行，并具有专业性。

2. 危险与应急能力分析

（1）法律法规分析

体育场馆在应急管理工作中，需要紧密围绕国家和地方在应急事件管理方面的政策和法规来进行，要使相关人员学习和掌握国家的相关法律，并积极学习新的政策指导文件。

场馆要结合有关法律法规和政策文件，将其深入落实到场馆的管理工作中，针对场馆的特点和实际情况制定相关的管理措施。

（2）风险分析

管理人员应该全面掌握场馆中的建筑、设施、人员等情况，能够对场馆存在的危险因素做出检测和分析。其中主要包括以下因素：①历史因素。要了解本地区、本场馆在历史过程中出现过的各类危险事件，如火灾、治安事件等，找出这些事件发生的原因和过程，在当前的管理中有效进行防范。②外部环境因素。一是要分析和考察本地区在自然环境上的优劣势，例如，分析可能发生地震、火灾、洪水等灾害的地理原因。二是要分析社会环境。

如场馆所在地区是否具有影响各类事故发生的重要因素。③分析场馆设备和技术因素。要找出场馆所使用的设备是否具有安全隐患，过去和现在安装的设备是否存在质量问题或安装使用不合理的问题。同时，要找出场馆在应对应急事件中存在的技术缺陷，并有针对性地引进新的管理技术。④着重分析人为因素。要找出场馆中的人员是否在思想意识上、技术能力上存在问题。加强对人的教育和培训，提高工作人员应对突发事件的能力。⑤物质因素。着重分析场馆在规划布局、建筑布置和功能区使用上是否存在隐患，对于容易引发消防安全事故的物品要加强管理。对于场馆的疏散通道、避难场所等进行分析。

（3）应急能力分析

对每一紧急情况应考虑如下问题：①所需要的资源与能力是否配备齐全。②外部资源能否在需要时及时到位。③是否还有其他可以优先利用的资源。

第三节　体育场馆卫生安全管理

一、体育场馆卫生安全标准

（一）各类房屋卫生标准

观众休息厅、走廊、训练和比赛场地、服务台、主席台、贵宾休息室、医务值班室、安保值班室及各类机房的卫生标准。

1. 训练和比赛前

地面：达到"四无"，即无尘土，无杂物（烟头、纸屑等），无痰迹，无污点（口香糖迹等）。

物品：家具等物品整齐、清洁，不短缺，无破损。

屋顶：天花板无灰尘，无蜘蛛网。

墙壁：墙壁洁净无污迹，围墙裙、窗台、茶几、门、玻璃和窗帘；门板干净，清洁；玻璃干净，钩不脱轨；暖气片（含挡板等）无尘土，无杂物、明亮，无污点；窗帘和门帘整齐无破损；饮水台清洁，干净，无杂物；票箱和果皮箱内外清洁，无污渍。活动中及时清理各部位，保持整体清洁干净，要求茶几和饮水台不能有杂物，地面无杂物。重点部位，如主席台、贵宾休息室、运动员休息室，要做到随脏随打扫，保持清洁卫生。

（二）厕所卫生标准

1. 活动前

地面清洁无污点，无痰迹，无杂物。大、小便池无粪迹，无尿碱，无水锈。墙壁瓷砖无水锈，隔扇门干净无污迹。脸池和地漏不堵，清洁无杂物，地漏盖（箅子）按要求盖好。水箱、管道和镜子干净，无污迹。灯罩和灯泡无灰尘，厕所无异味。

2. 活动中

便池四周干净，及时清理池内、外的粪便与污物，经常放水冲刷，必要时点香或喷洒空气清新剂，清除厕所的不良气味。

（三）观众席卫生标准

1. 活动前

地面清洁，无垃圾，无污迹，不粘脚。座椅干净，无污物，无灰尘。通道和楼梯干净，死角无脏物。墙及护栏无尘土、无污迹。

2. 活动中

发现污物尤其是严重影响观众和比赛的污物要及时进行清理。

（四）环境卫生标准

1. 马路和墙边无杂草，无垃圾，无积土，无污物。

2. 松墙及绿化草坪中无杂物。

3. 雨罩下，通向场内的台阶要干净清洁。

4. 墙壁和电灯杆上不得有与比赛无关的标语和广告等。

三、卫生管理工作

①建立责任制：各岗位、各工种工作分工，划分卫生区域，做到责任落实到人，四清楚（工作范围、任务、职责和标准清楚）。

②坚持卫生工作标准化，养成良好的卫生习惯。

③检查制度化，做到自查与抽查相结合、普遍检查与重点检查相结合、经常检查与对口检查相结合。

④卫生工作与奖惩制度相结合，将卫生工作的好坏与职工本人的经济利益挂钩，做到卫生工作与业务工作同计划、同落实、同检查、同评比、同奖惩。

二、体育场馆卫生安全管理的内容

体育场馆内外的活动人员较多，如果卫生条件不符合标准，就容易造成重大的卫生安全事件。因此，场馆的卫生安全管理是确保群众健康，使其能够安全、舒适参与体育活动的重要条件。卫生安全管理的目的主要是维护人的健康生活，预防公共卫生事件的发生，并为相关人员带来身心上的健康体验。在管理过程中，需要注重卫生标准的落实和卫生管理规划的建立。

（一）严格执行体育场馆卫生标准

卫生标准是国家为了让人民群众在生产生活中能够健康活动，对人所处的自然环境、社会环境等建立的一系列标准体系。在不同的行业、环境和区域中，卫生标准是各有不同的。例如，在家庭环境、公共场所、工厂等不同区域，人们需要执行不同的卫生标准。我国的卫生标准也有国家标准、地方标准和行业标准之分，其所规定的衡量指标各有不同。一般来说，卫生标准需要对环境、场所和活动过程中的与人的健康息息相关的重要因素做出明确规定，如空气、水、土壤、声音、化学物质、生物物质等指标，要让有害物质含量保持在标准允许的范围以下。体育场馆在执行卫生标准过程中，要符合国家和地方的有关标准，也要符合行业标准。在标准的执行过程中，体育场馆应该在建设过程、管理过程和经营过程中，都能够达到位置指标，要切实从群众的健康角度来认识标准问题。同时，由于体育场馆所涉及的产品服务十分广泛，因此要根据多个领域的卫生标准来进行安全管理工作，如食品卫生标准、公共浴室卫生标准、卫生防疫标准等。体育场馆的重要使命是为群众的身体健康而提供服务，因此，执行卫生标准是其最基础也是最重要的一项工作。

（二）健全体育场馆卫生管理规范

体育场馆卫生管理规范包括如下内容。

一是体育场馆经营单位必须领取"公共场所卫生许可证"后方能营业。"公共场所卫生许可证"必须悬挂在场内显眼处，并按国家规定定期到卫生监督部门复核。逾期 3 个月未复核，原"卫生许可证"自行失效。

二是体育馆应有机械通风装置并运转正常，使用空调时观众席的新风量每人每小时不低于 20 立方米。新建、改建、扩建或变更许可项目必须报卫生监督部门审核，验收合格并取得卫生许可后方能营业。

三是经营场所的卫生条件和卫生设施必须符合《体育馆卫生标准》的要求。应建立卫生管理制度和卫生管理组织，配备专职或兼职卫生管理人员，应建立和健全卫生档案。应协助、支持和接受卫生监督部门的监督、监测。

四是从业人员必须持有效"健康证明"和"卫生知识培训证明"上岗，并按国家规定定期进行复检和复训。

五是体育馆内应设有吸烟区，并有禁烟标志。观众禁止在馆内吸烟。有空调的室内场馆应有新风供应，新风入口应设在室外，远离污染源，空调器过滤材料应定期清洗或更换。

六是根据观众席的座位数分别设置相应蹲位的男女卫生间。卫生间应有单独通风排气设施并无异味。卫生间应有有效的独立机械排气装置。间内应保持清洁卫生，设座厕者必须使用一次性座厕垫纸。

七是供观众饮用的水须经消毒，其水质应符合《生活饮用水卫生标准》的要求。公用茶具要在专用消毒问消毒，消毒的茶具应符合卫生标准规定的要求。

八是馆内应设有卫生室或急救室，并配有必要的器材、常用的急救药品及医护人员。

九是体育馆作其他公共场所使用时，应执行相应的公共场所卫生标准。

三、体育场馆卫生安全管理的方法

（一）标准化管理方法

所谓标准，是指依据科学技术和实践经验的综合成果，在协商的基础上，对经济、技术和管理等活动中，具有多样性的、相关性征的重复事物，以特定的程序和形式颁发的统一规定。标准可分为技术标准和管理标准两大类。根据世界各国的经验，标准化是制度化的最高形式，是一种非常有效的工作方法，就是通过制定能确切反映体育场馆卫生管理需求的产品或服务标准来达到技术储备、提高效率、防止再发、教育训练的目的。具体过程中要求现场管理的工作都要达到"五按五干五检"，即：按程序、按线路、按标准、按时间、按操作指令；干什么、怎么干、什么时间干、按什么线路干、干到什么程度；由谁来检查、什么时间检查、检查什么项目、检查的标准是什么、检查的结果由谁来落实。

（二）目标管理法

目标管理是指由下级与上司共同决定具体的绩效目标，并且定期检查完成目标进展情况的一种管理方式。由此而产生的奖励或处罚则根据目标的完成情况来确定。目标管理法属于结果导向型的考评方法之一，以实际产出为基础，考评的重点是员工工作的成效和劳动的结果。通过一种专门设计的过程使目标具有可操作性，这种过程一级接一级地将目标分解到组织的各个单位。组织的整体目标被转换为每一级组织的具体目标，即从整体组织目标到经营单位目标，再到部门目标，最后到个人目标。在此结构中，某一层的目标与下一级的目标连接在一起，而且对每一位员工而言，目标管理法都提供了具体的个人绩效目标。

目标管理一般包括以下4个步骤和4个要素。步骤包括：①制定目标，包括制定目标的依据、对目标进行分类、目标须沟通一致等。②实施目标。③信息反馈处理。④检查实施结果及奖惩。要素包括：明确目标、参与决策、规定期限和反馈绩效。

第四节　案例——体育场馆的安全管理

从体育场馆的固有结构，临时工程设施，运营设施和设备，技术设施和系统，体育设施和设备，应急设施和安全系统设备等建设体育馆，这是举办体育赛事的基础。体育场馆是体育赛事的立足点。场地设施和设备的质量和维护是比赛良好发展和运动员安全的保证。同时，有效部署应急设备可以减轻事件中因紧急情况造成的损害。体育场馆的建筑质量令人不满意或维护不到位，这会损害体育场馆内的观众，尤其是在大规模活动期间，随着大量人潮涌入和使用，场馆的工作人员操作不当会导致突发事件事故。例如比赛期间屋顶倒塌和围栏断裂是最常见的体育场事故。观众热情地观看比赛，剧烈移动身体，蜂拥而至，看台上的负荷突然增加。球迷攀登屋顶观看比赛违反了体育场的规则，并且屋顶由于极端天气而倒塌。

例如，1902 年 4 月 5 日，在苏格兰的阿尔伯特岩石球场举行了一场国际比赛。观众正沉浸在激烈的比赛中，西区看台突然倒塌，造成 25 人死亡和517 人受伤；1946 年 3 月 9 日，博尔顿流浪者队尚未与斯托克城队对决。英格兰的伯登公园体育场的一堵墙倒塌，砸死 33 人，造成 400 多人受伤。在1985 年 5 月的伯明翰比赛中，场馆墙倒塌，一名 15 岁的观众被压死，有 175名观众受伤。由于场馆地点的设计不合理，也可能发生事故，让我们记住一个痛苦的故事——一场足球比赛导致 7 人死亡，34 人重伤，126 人轻伤。

第十一章 体育场馆环境管理

第一节 体育场馆环境管理概述

一、体育场馆环境管理概念

体育场馆可以看成是一种支持人们进行体育文化活动的环境空间，其内部拥有特定的设施环境和文化环境，能够满足人们的体育文化活动需求。体育场馆的环境管理应该包括对场馆内的景观、设施等环境进行的管理，也包括场馆内部人文环境的管理。而环境管理的目的是带给人们良好的心理体验，提高场馆服务的质量，让场馆内的体育文化活动产生更好的效果。从管理学方面理解，体育场馆所涉及的内容应该包括场馆建筑的设计和建设，场馆空间功能布局和设备安装，场馆装饰环境的营造等。同时，随着人们对于环境认识的扩大，体育场馆还应该重视内部生态自然环境、人文环境的管理，在场馆的管理中引入新的理念，引导人们的现代化生活。总之，要将体育场馆建设成为适应社会需求、引领大众生活时尚的新型公共环境场所。

环境管理（Environmental Management）这一概念自 20 世纪 70 年代形成并发展至今，已经成为一门独立的学科领域。所谓环境管理是指依据国家的环境政策、法律、法规和标准，坚持宏观综合决策与微观执法监督相结合，从环境与发展综合决策入手，运用各种有效管理手段，调控人类的各种行为，协调经济、社会发展同环境保护之间的关系，限制人类损害环境质量的活动以维护区域正常的环境秩序和环境安全，实现区域社会可持续发展的行为总体。

本章探讨的体育场馆环境管理是以体育场馆这样一个具体的实体为对象，以解决体育场馆范围内的环境问题为主要内容的一种环境管理，属于环境管理分类中的部门环境管理。体育场馆在进行管理管理时，要按照国家的相关法律和行业标准来建设高标准的环境，同时要积极吸收新的环境理念，满足人们对于环境的要求，为体育场馆创造高质量的公共环境。通过环境建设，能够给消费者带来更舒适的体验，提高场馆的服务质量，提升场馆各项功能的发挥。在具体的分类中，场馆环境管理应包含外部环境和内部环境两个方面。

二、体育场馆外环境管理的要求、内容及实施

体育场馆外环境管理要求体育场馆在规划设计，建筑安装，以及运营过程中节能环保，绿色低碳，以维护体育场馆设施所在区域正常的环境秩序和环境安全。在体育场馆建筑全生命周期中都应该体现"节能环保，绿色低碳"理念。建筑生命周期是指从材料与构件生产（含原材料的开采）、规划与设计、建造与运输、运行与维护直到拆除与处理（废弃、再循环和再利用等）的全循环过程。因此，体育场馆外环境管理内容与实施应包括以下几个方面：

①规划布局不得以牺牲绿色植被、改变山川河流的基本面貌为代价。

②规划选址应贴近公众生活圈，并与城市公共交通相配套，从而减少对石油能源的消耗，降低由于公共体育场馆活动增加的大气污染。

③在满足体育运动项目开展的基础上，建筑结构设计宜简洁、实用，适度设置造型和景观，更多利用自然采光、自然通风。

④建筑功能设计应具备综合开发使用的基本条件。

⑤应尽量采用能耗低的照明、暖通、音响等电子设备，提高油、电等能源的清洁服务部使用效率。

⑥应尽量采用易降解、再循环的建筑装饰材料，杜绝使用有毒、有害、易挥生发的顶棚、墙面、板材、座椅、地板、地胶等施工材料，以及不符合室内建筑安装环保要求的其他建筑安装材料。

⑦应按照需求设置看台和座位，节省空间和空高，减少建筑物容积，增加公共体育场馆的实际使用面积。

⑧应注意污染物的产生和排放，做好土壤保持，减少农药、化肥的使用量，生产、生活垃圾分类收集，合理存放，及时转运，节约、循环用水，做好废水的净化处理工作。

三、体育场馆内环境管理要求、内容及实施

体育场馆作为公共场所，必须符合国家和地方的相关环境政策、法律、法规，如《公共场所卫生管理条例》（1987 年 4 月 1 日国务院发布施行）第二条第四款规定："该条例适用于体育场（馆）、游泳场（馆）、公园。"《公共场所卫生管理条例实施细则》（2011 年 5 月 1 日卫生部发布施行）第二条规定："公共场所经营者在经营活动中，应当遵守有关卫生法律、行政法规、部门规章，以及相关的卫生标准、规范，开展公共场所卫生知识宣传，预防传染病和保障公众健康，为顾客提供良好的卫生环境。"体育场馆还必须符合国家和地方的相关标准，包括环境标准和体育场所开放条件与技术要求两大类。涉及环境的标准主要有 GB9664 文化娱乐场所卫生标准、GB9667 游泳场所卫生

标准、GB9668 体育馆卫生标准；涉及体育场所开放条件与技术要求的主要有 GB/T18266 和 GB1907 系列，截至 2005 年共 16 项。

根据不同的性质、规模和使用方式，体育场馆内环境管理内容和实施方式有所不同。中小型体育场馆一般不独立设置环境管理的部门，而是以运动场所或者运动设施的功能发挥为前提，将场馆开放、场地维护、设施保养、安保、消防、卫生等结合在一起，制定综合管理措施，责任到人。大型综合性体育场馆分工相对明确，以广州市某综合性体育场馆为例，其环境管理采取物业管理的模式，将卫生保洁服务和绿化养护委托给专业机构进行管理。物业管理模式是体育场馆环境管理的趋势，在此将着重介绍这一管理模式下体育场馆的卫生管理和绿化管理。

第二节　体育场馆卫生管理

一、体育场馆卫生服务工作目标

大型体育场馆往往由一系列的体育竞赛及群体活动项目设施组成，形成既可以举办各种体育比赛又可以广泛开展群众体育活动的环境。大型活动与日常开放的卫生服务工作有很大的不同，因此应该根据不同的活动形式、活动内容和活动规模配置充足的人力资源和物资设备，实施严格的卫生清洁服务规程，制定相应的卫生应急预案，以专业化的卫生保洁管理，为体育场馆及使用人提供优质的卫生清洁服务。

二、体育场馆卫生服务机构的设立

(一)机构设置原则

①本着精干高效、一专多能的原则,物业管理处实行物业公司管理下的管理处主任负责制,日常事物由物业公司综合管理部监督指导。

②物业管理处接受体育场馆的服务质量检查、监督以及市、区国土房管局主管部门的业务指导。

③体育场馆卫生清洁管理处为物业公司的常驻机构,在公司授权下,履行物业管理合同中规定的权利、义务和责任,以及投标方案中所做出的各项承诺。

(二)机构设置

体育场馆卫生清洁管理处下设客户服务部、卫生清洁部。

1. 客户服务部

客户服务部是管理处的中枢指挥机构,负责物业管理的日常事务处理、协调,监督各部门日常工作,与各单位进行沟通和回访,对物业管理服务质量进行监督检查,协调管理处各部门工作。

为提高管理效率,体育场馆卫生清洁管理处各部门设二级管理层次。纵向方面,操作员工对领班负责,领班对主管负责;横向方面,各部门分工合作,实行科学的网络流程管理,做到既相互协调,又相互检查监督。如在卫生清洁管理处的清洁服务部,各场馆的清洁领班对清洁主管负责。

2. 清洁服务部

①清洁主管:全面负责体育场馆范围内的卫生清洁管理工作,对卫生清洁管理进行总体的策划,落实管理方案和服务合同所规定的工作内容,做好

管理指导、清洁人员监督、协调、服务等各项工作。

②清洁领班：负责制订具体的体育场馆设施内的清洁、服务操作方案，对清洁卫生服务工作进行监督检查，接受领导和业主的指导与监督。

③清洁人员：负责岗位内的清洁服务工作，接受领导和业主的指导和监督。

三、体育场馆卫生服务管理流程

体育场馆卫生服务管理是以岗位工作范围、职责、操作程序和方法等管理制度为依据，由管理处主任、清洁主管、清洁班组、体育场馆业主（使用人）共同参与的管理过程，其流程如下:（1）由清洁主管制定清洁管理制度。（2）管理制度报管理处主任审核批准后下发给清洁班组，清洁人员在清洁领班的带领下学习管理制度。（3）清洁班组按制度要求开展清洁工作。（4）清洁班组对清洁工作开展自检，如果自检合格，则本次清洁工作结束，进入下一个清洁工作流程，如果自检不合格，则要进行工作改进。（5）工作改进是在清洁主管和体育场馆业主的监督检查下进行。（6）按照体育场馆提出的建议，清洁班组进一步改进清洁工作。（7）总结清洁工作改进经验，完善清洁管理制度，在此基础上组织新一轮的制度学习并开展清洁工作。

四、质量保证体系与措施

体育场馆卫生质量保证体系建设应着重质量保证负责人的选派，卫生服务管理规范的确立及落实，员工的培训，客户服务、意见咨询及投诉处理，突发事件应急处理等几方面。

（一）质量保证负责人的选派

应选派具有大专以上文化程度、持有物业管理师证书、具有较高的文字和口头表达能力、具备一定组织协调、人事管理能力，且从事物业管理（体育场馆管理）工作三年以上的人员，经考核后担任体育场馆卫生质量保证负责人。

（二）卫生服务管理规范的确立及落实

卫生服务管理规范分为规范流程、规章制度、工作要求等几个方面。

1.规范流程

规范流程包括：信息反馈流程、巡查流程、服务投诉处理及回访流程、物料控制流程、档案建立管理流程、服务语言流程。

2.人员规章制度

人员规章制度包括管理人员管理制度和纪律规定、清洁服务人员规章制度。

3.工作要求

工作要求包括管理人员服务规范和考核标准、保洁服务范围及要求、卫生清洁保洁具体标准及要求。管理规范重在落实。重视培训工作，包括员工上岗前培训、岗位培训以及相应考核。

第三节 体育场馆绿化管理

一、体育场馆绿化管理工作目标

体育场馆承担着开展全民健身和改善人居环境的双重职能。进一步完善全民健身设施、改善绿化环境，形成体育场馆设施与城市建设、环境建设、园林建设的有机融合，是履行体育场馆双重职能的重要途径。因此，体育场馆绿化管理的工作目标是营造和保持良好的园林设施和植物覆盖，为体育场馆和使用人提供健康、舒适、宜人的健身环境。

二、体育场馆绿化管理机构的设立

体育场馆的绿化工作分为施工阶段和养护阶段。采取项目经理负责制，下设技术负责人、园林绿化工程师、安全员，以及若干绿化班组和绿化养护操作工包括绿化工、花卉工、电工、草坪建植工、育苗工、种苗工、管护工等工种。工程结束后的若干年保养期内，组建专门的保养班组，按照要求和实际情况实施保养措施，保证园林设施效果良好，草木生长健壮。

三、绿化养护主要内容

绿化养护是绿化管理的主要方面，反应体育场馆的基本面貌和管理水平。其主要内容包括体育场馆区域内的乔灌木、草坪等所有绿化植物的浇水、施肥、病虫害防治、修枝整形、干叶修剪、松土、除杂、补种、调整、日常时令花卉摆设、节日活动盆花摆设、绿地内垃圾清运以及协助卫生管理部门对体育场馆范围内的水池、溪涧进行清洗。由于我国幅员辽阔，南北气候、绿化品种、病虫害种类等存在很大差异，因此，各地体育场馆季节性的绿化养护时间和内容会有所不同。

四、各项绿化管理措施及落实

（一）养护巡查管理措施及落实

为了实现绿化养护质量达到标准，应安排技术人员进行全天候巡回保养保洁；设定每日检查制度，有针对性地对每天发现的问题进行检查、调整；按体育场馆绿化范围实行专人负责制，每天由现场主管统一调配安排工作，保证养护质量达到绿化管理标准。

（二）应急反应措施及落实

专门成立应急反应小组，配备相应的设备和精干人员，以便随时抢修在突发情况下损坏的绿化，并能在 8 小时之内解决问题。对台风、大风、大雨、冰雹、寒流等强对流天气，应关注其动向，至少提前 4 小时完成户外施工工作，做好检查和预防加固措施。强对流天气结束后，应立即派出人员对受损树木、草坪和土方进行移除、更换、整理。编制冬季、雨季养护方案，疏通排水沟槽，搭设防雨棚，做好肥料、机电等的防冻防潮，提前备足冬季、雨季施工材料和防雨、防滑物品。

第四节　体育场馆设施环境问题管理

空气、水、土壤等方面是公共环境的主要问题。体育场馆设施比较突出的环境问题包括：室内体育馆的空气质量问题，游泳池的水质问题，以及草坪球场的环境质量问题。

一、室内体育馆的空气质量问题

人们一直认为空气污染严重的是室外，而事实上，办公室、居室、饭店、影剧院、体育馆等建筑物的室内环境对人们健康的影响远比室外要大得多。

（一）影响室内体育馆空气质量的因素

造成室内体育馆空气污染的主要来源在于以下三个方面：一是人体呼吸、烟气；二是装修材料、体育器材设备释放的有毒有害物质；三是微生物、细菌。这些污染物随着呼吸进入人体内部，长期积累，严重危害着人们的身体健康。

1. 人体呼吸、烟气

室内体育馆通常采取环形阶梯状座位布局，且座椅尺寸比较小。因此，在满座情况下，室内体育馆的人群密度甚至超过影剧院和候车大厅，成为人群最拥挤的室内公共场所。在举办体育赛事和文艺演出时，主办方为了增加比赛和演出的效果，有时还会在体育馆内燃放烟花、烟幕、水雾，从而加剧了室内空气污染的程度。然而，室内体育馆由于人群高度聚集所引发的空气质量问题目前尚没有引起卫生监督和执法部门、体育场馆管理部门和学者的足够重视。

2. 装修材料、体育器材设备释放的有毒、有害物质

室内体育馆装修时使用的各种涂料、油漆、墙布、胶粘剂、人造板材、塑胶以及体育器材设备等，都会散发出酚、甲醛、石棉粉尘、放射性物质等有毒有害物质从而形成化学污染，这些物质可导致人们头疼、失眠、皮炎和过敏等反应，不仅使人体免疫功能下降，还可能诱发高血压、心血管、脑溢血等疾病的急性发作。如果儿童长时间暴露在这样的环境中，将导致智力衰退、脑神经及视神经损伤、免疫力下降、身体发育缓慢等严重的生理问题。因此，为规范室内化工原料的使用，保障人民身体健康，国家已相继颁发了包括《民用建筑工程室内环境污染控制规范》《室内装饰装修材料有害物质限量标准》《室内空气质量标准》等在内的十多种限量的国家标准和法规。这些法规均适用于室内体育馆。

3. 微生物、细菌

室内体育馆中大量存在的地毯、地胶、木地板、海绵等设施容易滋生微生物、细菌。微生物及微尘多存在于温暖潮湿及不干净的环境中，随灰尘颗粒一起在空气中飘散，成为过敏源及疾病传播的途径。特别是尘螨，是人体支气管哮喘病的一种过敏源。尘螨喜欢栖息在室内的灰尘中，春秋两季是尘螨生长、繁殖最旺盛时期，尤其是南方春季多雨潮湿，更容易使微生物和细菌大量繁殖，成为影响室内体育馆空气质量的一大隐患。此外，室内体育馆大多采用集中空调系统，空调排风管不仅容易滋生细菌，而且使细菌随管道扩散，扩大了污染的范围。由国家卫生部发布，于 2013 年 4 月 1 日起施行的《公共场所集中空调通风系统卫生规范》等 3 项卫生行业标准规范了室内集中空调的卫生标准，其中，《公共场所集中空调通风系统卫生规范》（WS3942012）为强制性卫生行业标准，《公共场所集中空调通风系统卫生

学评价规范》（WS/T3952012）、《公共场所集中空调通风系统清洗消毒规范》（WS/T3962012）为推荐性卫生行业标准。

（二）解决室内体育馆空气质量问题的办法

解决室内体育馆的空气质量问题除了使用符合国家标准的建筑装饰材料外，还应该合理安排体育馆布局，保持室内通风系统良好、进行日常通风换气，并可以通过摆放绿色植物来调节、净化空气。

二、游泳池的水质问题

游泳是一项深受人们喜爱的体育活动。然而，在我国 37 种法定传染病中有 8 种属于介水传染病，游泳池是重要的传播途径之一。人在游泳池里体表皮肤完全暴露在水环境中容易被感染，发生皮肤传染病和眼部传染病，有开放性皮肤创伤的人群受感染的几率更高。由于自身的生理构造和免疫力较低，妇女和儿童更容易成为游泳池水质污染的受害者。此外，由于换气和呛水，游泳池的水也会进入人体口腔和消化道，严重者会导致细菌性疾病，如痢疾、霍乱、伤寒等；病毒性疾病，如传染性肝炎等；寄生虫性疾病，如蛔虫、血吸虫病、钩端螺旋体病等。

人们往往忽视游泳池的水质问题，或者通过简单的观察来判别水质。如在 8 泳道标准游泳池，站到游泳池侧面，看视线能否穿过水面看到第四五泳道线。如果看不到，说明水质较混浊。或者留意泳池底部，或泳池旁边的出水口，看是否有水源源不断进出的现象。如果有，则说明其水循环消毒装置在正常运作，可放心游泳。其实这样检测游泳池的水质是无法保障安全的。

三、草坪球场的环境质量问题

草坪球场广泛应用于足球、网球、高尔夫球等室外体育项目场地设施中。草坪养护是草坪球场管理的重要内容，而施用肥料、农药、除草剂是草坪养护管理的重要环节，是改善草坪质量和维护草坪持久性的决定性因素。高尔夫球场草坪养护的强度较大，化肥、农药的使用量较其他草坪球场大得多，因此对环境的影响一直是社会公众关注的热点问题。如果漫不经心地使用农药化肥，确实有可能造成污染，这些污染不仅会被打球的球手吸入体内，还可能会引起水体的富营养化及地下水、地表水和土壤的污染，这种破坏将是持久的。

（一）肥料的使用

高尔夫球场常用的肥料主要为氮、磷、钾三类肥料，其中氮肥的用量最大，钾肥次之，磷肥的施用量比较小。高尔夫球场施用化肥不应盲目进行，要根据草坪生长情况和土壤养分情况按需施用。

（二）农药的使用

高尔夫球场使用农药的种类较多，主要分为杀虫剂、杀菌剂、除草剂等。我国地域辽阔，南北气候、降水差异明显，高尔夫球场草坪病虫害南北差异很大，所用农药种类、用量均有差异。高尔夫球场草坪病害主要以细菌为主，所以在球场以使用杀菌剂为主。

（三）除草剂的使用

在北方的高尔夫球场很少采用除草剂，主要以人工拔草为主。而我国长江流域高尔夫球场的杂草危害较重，需要经常除草，除草剂用量比北方多。

化肥农药喷洒后，一部分挥发掉，一部分被植物和微生物吸收和降解；水流是农药化肥进入水体的主要载体，农药化肥的淋洗、径流可能加大污染负荷；同时，农药、化肥的污染是非点源污染，其对环境的负荷难以准确估算。

四、发达国家控制高尔夫球场污染问题的做法

发达国家对于控制高尔夫球场污染问题的做法值得借鉴。美国环境管理机构（EA）专门制定了《高尔夫球场防止农药残留污染水域标准》，美国健康与福利部（MHW）制定了《高尔夫球场饮用水标准》，这些标准是以对人类健康完全无不利影响的最低限量为依据的。韩国政府在高尔夫球场农药污染防治方面进行了大量工作，制定了较为详细的防治对策。韩国政府颁布了《高尔夫球场准入基准及环境保护规定》《污水粪尿及畜产废水处理法规》和《高尔夫球场排放水农药残留指导标准》，并积极推进《高尔夫球场农药使用改善及管理方案》，指导高尔夫球场合理、科学地使用农药，减少农药使用量，减少环境污染。依托法规的支持，韩国研究机构关于高尔夫球场农药污染方面的研究非常活跃，尤其对高尔夫球场草坪、土壤及排水中农药残留检测工作持续而规范，收集了较详细的基础性科研数据，为政府决策提供了可靠、有说服力的依据。

第五节　体育场馆与环境文化教育

一、环境文化教育

部分人在公共体育场馆观看比赛、参与体育活动时将随地乱扔果皮纸屑当做了一种"习以为常"的行为方式，这种行为背后所体现的是这少部分人

环境价值观念的缺失。他们的"不文明"行为如果没有及时得到限制和规范，其负面示范效应将会使更多的人效仿，从而导致人们心目中固有的环境价值观念被扭曲，缺失范围进一步扩大。另一方面，具有良好环境价值观念的人群能随时关注身边的环境问题，以自己的实际行动弘扬"正能量"，推动全社会树立正确的环境文化观。因此，作为社会公民素质教育的平台，公共体育场馆开展环境文化教育是其环境管理的重要内容。它通过一定的宣传和示范，使人们正确认识在体育场馆这样一个人员高度密集的场所，应该做什么，不应该做什么，哪些不文明行为将会给他人和社会环境造成不良影响甚至危害，从而使公众树立在公共体育场馆的体育观赏、体育参与等活动中关注环境、保持环境、维护环境的意识和风气，并将之延伸至社会生活的各个方面。就这点来看，公共体育场馆在社会精神文明建设、公民道德素质教育等方面具有突出作用。而开展环境文化教育需要从两方面着手：第一，体育场馆的管理者和工作人员自身要具备环境价值观念；第二，通过具体的举措倡导和引导公众形成正确的环境意识导向。

二、体育场馆的管理者和工作人员自身要具备环境价值观念

（一）管理者的环境意识

体育场馆的管理者是体育场馆经营管理活动的规划者和监督者，他们首先应具备环境价值观念。体育场馆的管理者树立环境价值观念，不仅使环境管理工作有章可循，而且能节约运营成本，减少不必要的社会纠纷，并能正确规范和指导工作人员的环境维护工作，为全员环境文化教育打下坚实基础。

（二）全员环境意识

环境文化教育过程并不是理论的宣讲，而是在公共场所个人言行的无声传递，是一个潜移默化、润物细无声的过程。每一位工作人员的言行就是体育场馆环境意识的最好体现，也是环境文化教育最直接的"教材"。体育场馆的所有工作人员既是场馆环境的维护者，也是环境文化教育的实施者，他们的行为直接影响和教育着场内公众。因此，必须要树立全员环境意识。

1. 工作人员个人行为与环境意识

公共场所内的环境问题通常包括吸烟及烟头丢弃、随处饮食、乱扔垃圾、随地吐痰、大声喧哗（打电话）、如厕不冲水、洗手不关水龙头、践踏花草、破坏绿化等。工作人员如果出现上述不文明行为，不仅有损体育场馆的形象，而且形成了负面"榜样"作用，降低了公众的环境底线。

2. 岗位职责与环境意识

体育场馆一般都设有保洁部门，但是环境维护工作并没有部门界限，而是每一位工作人员都应该去做的。例如，当发现垃圾桶外有一只空饮料杯，路过的工作人员是当做没看见，还是打电话给保洁人员，还是自己随手拾起把它扔进垃圾桶呢？

三、通过具体的举措倡导和引导公众形成正确的环境意识导向

（一）营造舒适洁净的场馆环境

环境文化教育的中心任务，就是通过优良的物质条件去影响人的文化素质和心灵，再通过人的文化素质的提高和心灵的净化去改善已有的物质条件。因此，舒适、洁净的场馆环境是环境文化教育的前提。行为科学家通过大量的观察对比得出这样的结论：人在整洁的环境中会主动收敛自己的不文明举

动。换句话说，杂乱污秽的环境会鼓励人们进一步破坏环境。因此，营造舒适、洁净的场馆环境，保持通道、看台、卫生间、垃圾桶的整洁，向观众传递保持环境的信息是第一位的。

（二）提供便捷的废弃物收纳途径

在很多情况下，随处丢弃的垃圾并非人们有意为之，而是废弃物的收纳地点太少或者不方便。但是过多设置垃圾桶势必占用消防通道，带来安全隐患，而且会增加成本。美洲和北欧一些国家的做法可以给我们带来一些启示，针对公共场所遗留的口香糖这一顽疾，它们在地铁等公共场所专门设立了口香糖回收卡通标靶，公众如果将口香糖投中标靶，将能获得小小的奖励，如投不中，则落入回收箱中。

（三）灵活多样的提醒和提示

充分利用公共体育场馆的各种宣传展示平台，如入场券、停车场、观众须知、横幅、啦啦棒、场内展板、电子显示屏、广播等，提醒入场观众保持文明举止、维持公共卫生环境；场内应设立醒目明确的指引牌，告知观众最近的洗手间、吸烟室垃圾桶等设施的方位和距离，以及违反文明举止规定可能遭受到的规诫和惩罚。总之，环境保护工作做得越细致明晰，消费者越方便，环境管理工作的效果就越好。

（四）大胆对不文明行为说"不"

对少数不文明行为应该及时干预并制止。一般情况下工作人员或者志愿者可以采取较为温和礼貌的提醒，但如果遇到较为严重的不文明行为，应该请警务人员介入，以维护正常的场馆秩序。

第六节　案例——新加坡国家体育场："内外兼修"的绿色体育馆

新加坡国家体育场位于新加坡体育城的中心，拥有 55000 个座位，体现了最高水平，拥有可伸缩式屋顶和舒适的制冷设施，以支持全年最广泛的体育和休闲活动。新加坡国家体育场的座位具有可伸缩功能，这使得碗状看台部分可以按要求进行重置，这令该体育场成为世界上唯一能够在同一个场地内举办英式橄榄球、板球、足球、田径运动及音乐会等多种活动的体育场，并能在 48 小时内从一种模式转换到另一种。

体育场由一个穹顶覆盖，体育场步行道连接了体育城总体规划的所有部分。新加坡国家体育场拥有超过 310 米的跨度，是世界上最大的悬跨穹顶结构，构筑了一个激动人心的活动空间。

该体育场的可伸缩式屋顶和高效节能的碗状看台冷却技术，也代表着可持续发展型体育馆所能够达到的新高度。这种体育场设计不但环保，还可为运动员和观众提供独特且舒适的环境。

新加坡地处热带，炎热、潮湿而且经常下雨。在这样的环境下建设体育场馆，有必要将其建设成为相对封闭的独立空间，有利于帮助人们进行内部环境的管理，为观众创造更为舒适的体验空间。正式在这样的需求下，新加坡国家体育场才不惜重金，为场馆打造了活动式屋顶。场馆的屋顶具有设计新颖、重量较轻的特点。首先是屋顶的基础部分以钢材为主进行建设，由于优化了设计，使其使用的钢材量大大减少，有效减轻的场馆顶部的重量。其次是在活动式顶盖的设计上则采用了塑料顶盖，使其更加轻盈，活动更加方便，可以根据需求选择打开或关闭。这种可封闭式的体育场馆能够在外部天气不佳时，将场馆与外部隔绝，从而保护场馆内的草坪和其他设备，并且可以使用空调系统给观众和运动员来带更舒适的体验环境。对于处于热带地区的新加坡来说，封闭式场馆的作用是很大的。该场馆在空调设备上进行了高规格建设，是冷气出口直接链接到座位下，可以给观众带来十分舒适的感受。

新加坡国家体育场在建设过程中，也十分注重外部环境的管理，体育场将周围的游泳中心、华侨银行体育馆两个重要场馆连接了起来，构成了三馆合一的综合性体育文化中心。在三座场馆的周围空间，也布置了十分优美的文化景观和商业活动场所，使这里成为新加坡重要的旅游、休闲和购物中心。体育场馆周围还建设有步行道，可以为公众提供良好的体育健身条件，步道连接了场馆周围的自然景观和人文景观，给人带来良好的休闲健身体验。

第十二章　体育场馆开发管理

第一节　体育场馆开发管理概述

在新时代背景下，我国的体育事业开始从竞技体育向群众体育发展，体育的健康、娱乐功能被充分挖掘出来，全民健身和大健康产业成为新时代体育事业的重要发展目标。而在体育事业的发展中，体育场馆是开展体育活动的重要场所，已经成为城市和社会中必不可少的公共设施。体育场馆不仅为各级别的职业比赛提供场地环境和物质条件，还可以为群众体育的开展提供活动场所，同时，在社会文化生活发展中，体育场馆还能够承接各类文化活动和商业会展活动，展现多方面的服务功能。

基础体育场馆在公共设施体系的重要作用，我国各个大中型城市在规划中均十分重视体育场馆的建设。在各地全面发展群众体育和全民建设计划时，体育场馆也将成为关键的资源，为居民的文化活动提供更专业的服务。同时，体育场馆的空置问题和成本回收问题也成为在基础设施建设中的重要问题。这需要政府和场馆的管理者能够加强对体育场馆的开发管理探索，利用场馆资源创新更多样的产品和服务，借助体育文化市场的繁荣，推动体育场馆商业模式的发展。

一、体育场馆开发管理的基本含义

现代体育运动发展的本质目的就是要体现健康与教育的功能，为人的健康发展而服务，这也是现代奥林匹克文化所倡导的理念。随着全世界现代化水平的不断发展，现代科技与生产生活方式给人的生存环境带来了越来越大的压力，这导致人的健康问题不断凸显出来。人们在享受文明进步成果的同时，也面临着身体不健康和精神压力过大的问题。因此，在当前社会中，人们对于体育的需求越来越高，将体育健身和体育活动当成增强体质、愉悦身心的重要手段。体育场馆的开发就是要满足现代社会人们的健康、休闲和娱乐需求，为消费者提供更多元的体育文化服务。目前，我国在体育场馆资源的建设上有了长足的进步，但体育产品的开发程度还远远不足。所以我们就有必要对现有的场馆进行综合利用与开发，使现有的资源发挥最大的效用。

（一）开发与管理的概念

体育场馆的开发与管理，就是在更新观念的基础上充分用现有的体育场馆资源，不断满足竞技体育、学校体育、大众体育发展的需要，通过有效的管理手段，提高体育活动的满意度，取得更好的社会效益与经济效益。

（二）开发与管理的范围

我国的体育场馆属于具有公共性质的文化场所，是公共服务体系的一部分。过去场馆的建设和管理都是由政府或公共事业单位来负责的。在市场经济条件下，政府也通过与民间资本合作的形式，让企业参与投资建设和运营。因此，体育场馆也有条件以市场化的发展进行深度开发。场馆开发与管理的范围包括场馆建筑和其所属的各类资产，如场地、设施等。

（三）开发与管理的形式

体育场馆开发与管理，要因地制宜、不拘一格的开拓相关领域。

1. 提高使用效率

最大限度地利用体育场馆建筑本身，提高体育场馆的使用效率。体育场馆通常是闲置多于使用，除了承接各类比赛外，在没有比赛的日子可以充分利用体育场馆进行一些商业活动，或通过举办培训班、承接会议、文体活动，提高场馆的用效率。

2. 扩展功能

体育场馆要想在市场环境中获得深入开发，除了利用场地和体育设施举行各类活动外，还需要为人们的消费需求扩展服务功能。例如，对于观看比赛的观众，场馆可以结合观众的消费能力和需求来增设新的消费项目，其中包括包厢、VIP座位和其他附加服务等。观众通过提高消费可以享受到更为优质的服务。目前，在欧洲的许多国家，一些具有商业经验的体育俱乐部都在其主场开发的多种形式的服务功能。场馆不仅可以从门票中得到收入，还可以用多种附加服务来提高收入，而消费的重要对象主要是资深球迷和高端消费人群。

3. 增加配套服务设施

体育场馆除了具有场地外，还有大量的相关配套建筑。这些建筑可以当作零售店、博物馆、康体中心、电影院等，体育场馆周围空地还可设置停车场等。当这些设施可以在比赛或非比赛日得到双重利用的时候，体育场馆运行与管理的优势和作用就能够显现出来。

4. 开发与管理的基本流程

体育场馆的开发利用是一个复杂的工程。在广泛的前期会调查的基础上拟定开发方案，然后请专家对开发方案进行论证。论证方案审定后，就要进行开发的前期准备，如人、财、物的准备。在一切就绪后，开发方案才能得以实施。在开发段时间后，要对开发的情况进行检查评估，修正不合理的部分，为下一步的开发利用提供宝贵意见。

二、体育场馆开发管理的基本原则

无论何种类型的体育场馆，在运行开发管理的过程中，都必须遵循一定的原则。这样，才能有序地对体育场馆进行开发与管理。

（一）可行性原则

体育场馆的开发需要适应市场的发展需求，使其具备可行性，具体要落实在两个方面：一是场馆开发要能够给场馆带来实际的效益。体育场馆在进行开发时，既需要考虑开发的成本，也需要考虑未来的市场收益。如果是成本过高或收益过低的项目，就代表着项目的可行性较差。二是要考虑开发的项目是否能够落实到实践中。因此，在进行市场开发时，需要着重考虑体育场馆的资源情况和开发能力，同时也要分析开发项目能够满足市场的需求，具有较好的发展前景。

（二）适应性原则

适应性原则主要体现在开发的项目能够适应社会的发展，符合国家相关政策的要求，并且能够适应消费者的实际需求。体育场馆的开发不能过于落后于时代，也不能超出消费者的需求，否则体育场馆的新项目建设就成为一种资源的浪费，反而会给场馆带来沉重的经济负担。其中最关键的在于场馆的开发应该于本地发展的实际和居民消费水平及习惯保持一致。例如，如果在收入水平不高的地区兴建高尔夫球场等高端设施，就有可能导致项目无人问津，最终就会沦为一项盲目建设的工程。

（三）社会效益与经济效益统一原则

在市场经济条件下，我国的体育场馆依然具有公共服务设施的属性，在进行商业开发的过程中也不应改变其基本属性。因此，体育场馆的开发要注意其社会功能的实现。许多场馆在交给企业进行管理后，容易陷入以经济利益为准则的经营误区，忽略的广大居民的利益，导致场馆的收费过高，使其完全变成了商业经营场所。

体育场馆的开发要力求做到社会效益和经济效益相统一，没有经济效益的资源开发是不可取的，但局部的经济效益要服从整体的社会效益。体育场馆的运行开发与管理要适应我国经济改革大潮的要求，以管理体制改革为切入点，以经营为核心，以市场为导向进行资源配置，使体育场馆经营管理实现区域化和整体性，让体育场馆发挥最大的使用价值和经济效益。这就要打破"大锅饭"和平均主义，建立起效率优先、兼顾公平的分配和激励机制，合理利用资金形成拳头项目，并且在人员分工上责任明确，专职专责，做到管办分离。使体育场馆经营逐渐过渡到在注重社会效益的前提下，高效地发展经济效益。

（四）保护性开发与利用原则

体育场馆的开发就是要利用好场馆现有的资源，并为场馆新增更多的资源，使其体现多样化的服务功能，满足市场中的消费需求。在开发过程中，管理者难免要对体育场馆现有的设施和环境进行改造。如果开发方式不够科学，就有可能对体育场馆造成破坏，使其失去了原有的价值。因此，体育场馆开发需要遵循保护于发展并重的原则。在开发过程中，要重视对场馆原有的功能、设施和文化的保护，使场馆的基础功能保持一致。

在体育场馆开发的过程中，在注重社会效益、经济效益的同时，应充分体现可持续发展的理念。我国大部分的体育场馆都是重要的城市公共设施，是社会整体文化和公共服务事业的一部分。在场馆进行开发时，要保护其基本的功能，使其根本属性不会发生改变。如果过度进行商业开发，有可能破坏了原有的文化环境和人文景观，并使其提供的服务能够满足居民健康文化生活的需求。在许多案例中，由于体育场馆进行了过度的开发，导致其体育文化功能丧失，成为完全市场化的商业综合体，场馆也丧失了承载体育文化活动的能力。

三、体育场馆开发与管理的作用

体育场馆的开发，能够让社会中的场馆资源进行重新配置，让场馆的空置情况得到显著改善，使其能够更好地面向社会大众开放，并提供相应的服务。我国在计划经济时代的场馆建设中，不少场馆都是属于某些单位的配套设施，其开放程度较低，利用率不高。而在市场经济条件下，还有许多愿意参与场馆经营的资本却没有条件来建设场馆，导致其资金和技术无法被用于体育行业中。而体育场馆的开发则为各项资源的配置提供了条件。通过体育场馆的开发与管理可以更好、更快地解决这些矛盾。

（一）促进经济发展

随着我国居民收入水平的提高，消费水平也逐年快速增长，其中，教育、文化娱乐、服务支出的比例在人均可支配收入中的比例逐步增加。而人们对体育健身、康复、娱乐等方面的需求越来越强烈，他们不但观赏精彩的体育比赛和表演，而且练习健身健美的方法，参加健身健美及各种休闲体育活动，这使居民体育消费显著增长，从而促进城市体育产业的繁荣与发展。

（二）提高城市文化品位

在城市迈向现代化发展的进程中，城市不仅需要实现经济的发展，也需要具有健全的公共设施配套，形成独特的城市文化环境。体育场馆在城市当中具有无可替代的作用。首先，体育场馆是城市中必不可少的公共基础设施，能够为城市体育事业和文化事业的发展提供物质基础，使居民开展体育文化活动的重要场所。其次，体育场馆是城市文化发展的重要标识。当体育场馆能够承接大型赛事活动时，将对城市在全国甚至国际社会中形象的建立及影响力的提升带来重要机遇。其三，体育场馆作为一种投资较大和造型突出的建筑，也是城市中重要的文化地标。作为一种地标，体育场馆能够对城市的商业、旅游和文化等行业带来刺激作用，场馆周边也容易形成商业生态的集聚，成为城市中重要的商圈。最后，体育场馆能够对城市的人文环境起到重要的改善作用。体育场馆代表着体育活力和健康文化，能够让城市形成以健康为主的人文环境。

总之，一座城市在发展过程中，可以依据本地经济发展情况和社会需求，适度进行体育场馆建设并加强体育场馆的开发利用。体育场馆在得到开发后，能够让城市中的居民愿意在体育场馆产品和服务中进行消费，从而使健康的消费生活在城市中被培育起来。可以说，合理的体育场馆开发，对于城市文化的发展和社会风气的改善是有积极作用的。

（三）促进社会需求

我国在全面步入小康社会后，居民的生活水平有了阶段性的提升，人们的生活消费也逐渐开始向追求丰富的、高质量的生活而转变。因此，广大消费者对于体育赛事、体育健身活动和体育商品的消费需求明显增加。但我国也存在着消费需求较高而体育产品的供给不足之间的矛盾。居民所能够使用的体育设施多为小区配套的简单设施，或是商业机构所提供的单一健身场所。而我国城市中专业化的体育场馆对居民的开放程度十分有限，其中主要原因在于这些场馆在产品和服务的开发上存在不足，经验也十分欠缺。体育场馆综合利用与开发管理，不仅为居民提供更多更好的活动场地，满足了人民的健身需求，同时也促进了体育事业的发展，加快了我国和谐社会的进程。

（四）提高自我造血功能

在全球化的时代背景下，全世界消费者对体育的需求越来越高，促使体育产业呈现繁荣发展的态势，我国也在北京奥运会之后，加快了体育产业的发展。因此，作为体育产业的基础设施，体育场馆拥有十分广阔的发展前景。但我国在体育场馆的开发上显然不足以满足市场的需求，甚至成为体育产业化的一大障碍。由于体育场馆存在占地面积大、投资高昂、对选址要求高等特点，因此在一个区域范围内都不能进行盲目建设，这使得体育场馆是一种供应比较紧张的资源。如果无法对场馆进行开发，就会严重制约体育市场的发展。另外，体育场馆在维护和管理过程中，都需要消耗较大的经费成本，仅仅依靠政府的财政支持和公共事业单位的管理，不足以维护场馆的正常运营，不少场馆在建设后的亏损现象一直是一个难以忽视的问题。这就需要体育场馆能够面向市场进行开发，提高其自身的盈利水平，让场馆设施具有造血功能。

（五）推进全民健身运动的开展

自从我国在 20 世纪 90 年代将全民体育当做体育事业发展的重要方向以来，没过一段时期，国家就会颁布新的《全民健身计划纲要》，从而推动体育活动在社区、学习和群众中间普及，大力提升全民健康水平。体育场馆应该为全面健身活动中发挥应有的作用。在小康社会建设中，尽管我国居民对于健康的认识不断提高，对体育健身活动充满参与热情，但体育设施的不足制约了群众体育文化生活的开展。尤其是对于社区居民来说，人们只能依靠社区中简单的体育设施来参与体育活动，使体育活动的举办和居民健身运动的开展都受到很大限制。体育场馆作为具有专业化的体育场地、器材和环境的重要设施，应该突破只为职业体育服务的局限，更广泛地向社会开放。为了实现服务广大居民的目标，体育场馆应该结合市场发展，开发新的产品和服务，以市场经营的方式面向居民服务。

第二节　体育场馆开发管理环境

在体育事业发展体系当中，体育场馆属于重要的基础性设施和资源，能够为各类体育活动的开展提供场地、器械、观众、电视转播及门票收入的支持。同时，社会中体育市场的扩大、体育文化的发展，也会给体育场馆的开发创造良好的环境。因此，体育场馆应该利用好内外环境的优势，加强场馆开发，使场馆适应社会发展的要求。

一、体育场馆开发的环境条件

体育场馆在开发过程中，最关键的条件就是能够吸引社会投资，为场馆设施的完善和服务能力的提升创造良好的环境。场馆对社会投资的吸引程度，也受制于场馆所拥有的客观环境。例如，场馆的地理位置环境、本地的经济发展状况及政策环境等。

（一）自然环境条件

自然环境，一是指气象、地理因素的环境条件；二是指体育场馆周围的自然环境条件，例如，体育场馆距离主要交通干线既要近，又要有适当的隔离地带，并远离居民密集的住宅区和商业区，体育运动场馆外要有足够的空地作为停车场所以作为人群集合与疏散之用等。

（二）经济环境条件

经济环境一般是指体育场馆所在城市的经济发展状况，以支持体育场馆运行管理的发展，且城市周边应配有相应的商品购买市场，以应对大型赛事时观众的需求等。

（三）政策环境条件

政策环境包括国家对于体育事业和体育场馆管理的相关政策，地方政府对于体育产业的发展政策等。目前，我国在对于体育场馆的建设和管理中，十分支持民间资本进入场馆的建设、经营，对于体育场馆的市场开发创造了良好的政策环境。

二、影响体育场馆开发的因素

目前，在市场经济环境中，随着居民的生活压力增加，身心健康面临威胁，人们对于体育健身的需求日益增高。同时，居民消费能力的提升，也为消费者选择高质量的体育文化生活创造了条件。这些环境因素都给体育场馆的开发带来了广阔的消费市场环境。人们已经开始慢慢地推广"花钱买健康"等运动健身的思想意识。但受传统的体育场馆管理模式影响，体育场馆的开放仍受诸多因素的制约，开发的步伐还比较缓慢。

（一）社会观念发展滞后

由于原有计划经济和体育体制的影响，我国体育场馆的改革工作一直处于滞后状态，虽然在 1985 年中共中央《关于进一步发展体育事业的通知》中就提出，逐步向企业化和半企业化经营方向转变，但经过 40 余年的改革，转换为企业的很少，也就是说从思想观念上没有引起人们的足够重视。

（二）经济条件

现代化与城市化的发展环境，让越来越多的居民远离了健康、自然的生活方式，导致人们的身体健康状况出现了很多问题。同时，在高度繁忙的市场经济条件下，居民在生活与工作中的压力也在加大，使其无论在体质和精神上也常处于亚健康状态。因此，人们为了获得身体健康并得到精神上的释放，迫切需要通过体育文化活动来调节自己的生活。但体育消费也属于一种较高水平的消费，需要一个的地区能够拥有较高的经济发展水平，才能支持这一地区完善体育场馆设施，形成体育事业的配套。我国各地区在经济发展水平上依然存在这很大的不平衡状态，各地在体育公共设施建设方面存在这不均等现象。在经济不发达的地区，体育设施建设和开发能力都存在不足，无法满足居民的体育文化生活需求。在沿海发达地区，体育场馆开放程度较好，如广州天河体育中心，从每年财政投入 200 万元用于场馆维护到场馆每年营业性收入 3500 万元，探索出了条比较成功的经验，与国内各体育场馆相比，具有一定的先进性和代表性。而一些中西部地区，经济落后，人们体育消费水平有限，体育场馆开发程度就受到影响。可见经济水平高低是影响人们选择体育场馆进行锻炼的一个重要因素。此外，人们对体育价值的取向、体育意识的强弱等也受经济发展水平的制约，进而影响人们主动利用体育场馆进行锻炼的积极性。

（三）主观条件

影响体育场馆对外开放的主要因素是体育场馆的自身条件，包括体育场馆的地理位置、基础设施和管理人员水平等。

1. 体育场馆地理位置

体育场馆在建设选址时，需要结合其地理位置和居民的覆盖程度来进行。体育场馆在开发和管理中，也需要为其提供交通、通信等方面的配套，才能满足广大居民的使用需求。我国在过去的场馆建设中，由于只考虑了竞技体育发展的需要，没有结合消费市场进行布局，导致了许多场馆的地理位置不佳，影响了体育场馆的市场化开发。

2. 体育场馆基础设施

体育场馆要想提供多功能的服务，就需要完善各项服务设施的配套，使其具备进行深入开发的物质基础。体育场馆的设施除了支持体育活动的场地和器械外，还需要根据居民的需求建立商业服务、生活服务的配套，能够让消费者产生更好的服务体验。这些配套设施能够直接影响市场开发和盈利情况。

3. 体育场馆管理人才

体育场馆在开发过程中，应该结合市场化发展的需求引进相关的人才。场馆在过去的管理模式下，由于只需要为体育赛事服务，因此在人才队伍建设上偏重于体育方面的人才。但在市场发展模式中，体育场馆还需要结合面向市场开发及面向消费者服务的要求，引进和培养管理、营销及服务人才。

（四）客观条件

体育场馆的开发与利用不同于其他服务行业，有其自身的特殊性，如政策法规、资金周转等，是影响体育场馆开发的客观因素。

1. 维修费用

体育场馆拥有十分复杂的设施、器材和设备，对于管理和维修的要求很高。如果在维修管理上出现问题，就会导致体育场馆中的重要设施失去使用价值，影响了场馆的等级和服务质量。在传统的管理模式下，场馆能够获得的管理资金十分有限，在维护管理上存在不足。有些场馆只能在承接体育赛事的情况下才能获得维修管理的资金。场馆维护状态不佳的问题给场馆的进一步开发带来了难度。

2. 税收和能源费用

体育场馆在经营和管理中面临着税收和能源使用费用上的巨大压力。许多地区在对于体育场馆的税收方面没有提供优惠政策支持，使场馆需要按照一般性质的服务场所来缴纳费用，这会导致场馆面临着要为沉重的税务压力。同时，体育场馆的规模庞大、设备繁多，对电力、燃气等能源的消耗量较大，如果缺少一定的支持，也会让场馆产生巨大的能源消耗成本。目前的各类费用已成为体育场馆公益性运营的沉重负担，甚至导致体育场馆无法正常开放。

3. 缺乏政策保障

缺乏促进体育场馆可持续发展的政策保障。利用体育场馆及附属资源开展多种经营，例如，以体育场馆的竞赛、健身功能为主，向观光旅游、餐饮娱乐、购物休闲、会议展览等全方位商业服务发展，以达到"以商养体，良性循环"的目的应得到倡导和鼓励。但目前"以商养体"的经营模式得不到相应的政策支持。由于受以上因素影响，我国体育场馆运行还需进一步树立营销观念，加大开放力度，提高场馆利用率。在保证社会效益的前提下，提高经济效益是当务之急。

第三节　体育场馆开发管理内容

　　社会的发展，健康理念的进步，使人们对体育的需求不断增长。因此，在体育场馆运行管理过程中，其服务对象、受众心理、社会环境等均在不断地变化中，体育场馆的各项业务活动等也是处在动态发展中。创新是企业发展不竭的动力。体育场馆只有结合自身特点和形势变化，在满足人们日益变化的体育需求的同时，根据体育场馆功能条件和市场需求，充分考虑影响体育场馆多功能开发的主要因素，从比赛场地、训练场地、场地环境和空间、体育场馆整体布局、附属用房空间等多方面进行多功能开发创新。在体育场馆内开展各种非体育活动，扩展广泛的休闲设施，最大限度地利用场馆设施本身，积极开发场馆设施功能，承办国际、国内赛事和文艺演出，以及商务会展活动，优化整合现有活动资源，不断开发新的服务领域，为体育场馆业务注入新的活力，为体育场馆的综合利用和运营创造条件。

　　扩大体育场馆的服务辐射面，丰富健身娱乐服务项目，使体育场馆走向社会，吸引越来越多的人到体育场馆中来使各类设施资源得到充分合理的开发利用；使活动资源得到最大限度的挖掘，形成体育场馆设施资源与各类活动资源环环相扣的态势，从而加强体育场馆自身的发展能力，实现功能的多元化，建立一种可持续发展的战略营销之道，为体育场馆走自主经营、以副养主的产业化道路创造物质条件。

　　体育场馆的多功能开发，对于促进体育的社会化和产业化具有极为重要的意义。管理者必须不断了解社会需求和体育场馆业务发展的限制因素，使体育场馆的各项业务发展符合时代潮流和社会发展要求，管理行为符合受众心理需求，才能使开发工作具有鲜明的针对性。体育场馆运行与开发管理的内容非常丰富，主要包括体育场馆人力资源和无形资产的利用与开发、体育建筑设施及空间的利用与开发、体育场地器材设施的利用与开发、体育服务项目的利用与开发，以及体育场馆向社会开放等内容。

一、体育人力资源的开发

现代体育场馆具有建设规模大、设施复杂、科技含量高、客户群体广等一系列特点，因此，对管理层面的人力资源专业化管理素质与技术水平程度的要求越来越高。但是，体育场馆日常（非大型赛事活动期）情况下各功能设施所需管理人员不多，而一旦进入大型赛事、活动期，则需要大量训练有素的专业人员。因此，做好在编人员和编外人员的开发工作非常重要。

（一）在编人力资源的开发

人力资源是可再生资源，是可通过教育和培训手段加以发展的。在编人力资源，是体育场馆中具有固定工作岗位，有明确职责分工的人员。对在编人力资源的开发，主要是加强职业培训，可采取在职培训和职业教育的方式进行。通过培训教育提高其专业化理论水平与技能水平，并熟悉相关业务领域，增进与各部门的协作能力，起到业务管理骨干的作用。

（二）编外人力资源的开发

编外人力资源主要是指体育场馆所在行政区域内可供运用的专业人员，包括教练员、裁判员、社会体育指导员、相关学者专家等，还可扩展到具有一定社会影响和财经基础的人士。另外还包括一些特殊的技术工种，以及高水平的志愿者等。将这些人员作为人力资源储备，与其保持良好的公共关系，在组织大型活动时，依据工作需要，邀请所需人员协助工作，补充在编人员的不足，顺利完成工作任务。对编外人员的开发，不仅可以融入更多人性化的服务，保证大型活动的正常有序进行，提升整体服务水平而且能够降低人力资源成本。

二、体育场馆无形资产的利用与开发

体育场馆无形资产是指不具备实物形态，但能为体育场馆和体育活动主办者使用，具有使用价值和经济效益的无形资源。体育场馆的无形资产，主要包括体育场馆的冠名权、广告发布权、特许经营权，以及体育场馆的品牌开发等。对体育场馆无形资产的开发可根据所在地域市场经济条件和体育场馆自身优势，采用单独开发、合作开发、委托开发等形式进行，不断拓宽体育场馆经营渠道。

（一）无形资产的分类

无形资产不具有实物形态，具有无形性、依附性的特点。其中知识型无形资产包括：体育场馆名称、标志使用权、体育场馆外观设计、景观环境、体育场馆设施冠名权、体育场馆体育人力资源培训能力；权力型无形资产：特许经营权、商业赞助开发权、广告开发权和体育场馆形象权（图形、录像和照片等）；资源型无形资产包括：体育场馆设施使用与处置权、体育场馆设施租赁权、体育场馆包厢使用权和体育场馆辅助设施使用权；经营型无形资产包括：体育场馆运营管理方法、体育场馆运营关系网络、体育场馆商品销售与展示等、体育场馆经济、健身会员网络等；理念型无形资产包括：体育场馆运营信誉、体育场馆运营文化、体育场馆运营形象和体育场馆运营模式。

（二）无形资产开发的程序

体育场馆在进行无形资产开发的过程中，也需要按照项目发展的规律来进行。在流程上一般要进行市场调查，找出在开发过程中的机遇与问题，把握资产开发的要点；要为无形资产开发设计和制订有效的执行方案；要结合无形资产的特点，为场馆建立合理的开发经营方式。

1.调查和预测

市场调查能够帮助体育场馆的开发者掌握市场的信息，了解消费者需求，这些信息时进行体育场馆开发的重要依据。如果缺少对市场的调查研究，体育场馆的开发就有可能偏离消费者的需求，失去了经营的价值。

2.策划方案

这是体育场馆无形资产开发的实质性步骤。通过调查和预测所取得的各种信息，结合市场需求制定与策划切实可行的计划方案。方案的具体内容主要包括是否合理可行、风险比例、竞争性和社会效益，以及人员、资金和利润额预测等。

3.适合的开发模式

结合现有的经验，体育场馆在进行开发时刻采取以下几种模式：

（1）单独开发

单独开发是体育场馆独立设置开发管理团队并开发无形资产的经营项目。在这一模式中，场馆需要为开发项目筹措资金、收集资源，并制定项目开发的规划。在经营过程中，场馆也需要自负盈亏，自行组建团队来经营。这一模式的优点是场馆能够具有独立自主的权利，由自身获得市场收益，项目开发的成果都归场馆所有。其弱点是场馆的资源比较有限，在开发时有可能创造的项目规模也比较有限。

（2）合作开发

合作开发是场馆联合其他的主体来共同进行场馆建设和项目开发的模式，需要场馆与其他主体建立伙伴关系，签订合作协议，分别承担开发的任务并分享市场利润。在体育市场的发展中，合作开发是最为常见的模式，可以让体育场馆与各个行业开展合作，吸收其他行业的资源来谋求发展。目前，比较成熟的开发项目有场馆活动赞助、冠名权赞助、转播权销售和广告发布等。做好合作开发，对于体育场馆扩大市场规模，开发多种形式的经营项目具有明显的作用。

（3）委托开发

委托开发是体育场馆不直接进行市场开发，而是将场馆所属的无形资产交给其他机构进行开发经营的一种方式。体育场馆根据无形资产的估值，向受委托方收取租赁的费用，将要开发的资产完全交给受委托方所使用。而项目开发中产生的利润则归属项目开发者及经营者。这种模式的优点是使体育场馆不必为了进行开发而增加投资和项目成本，也规避了在市场开发中的风险。对于一些缺少市场资源和管理人才的体育场馆来说，委托开发是一种更安全、实用的方式。

（三）冠名权

体育场馆冠名权的出让，属于体育场馆无形资产开发的范畴。体育场馆冠名权的出让近几年在国外开展得非常广泛，截至 2000 年，仅北美洲，就有至少 50 家体育场馆是用企业的名字命名的，如亚特兰大飞利浦体育馆（鹰队主场）、洛杉矶斯台普斯中心球场（湖人队主场）、芝加哥联合中心（公牛队主场）、达拉斯美航中心（小牛队主场）。企业冠名不仅可以为体育场馆带来效益，补充经费缺口，使体育基础设施本身增强造血功能，减轻政府财政包袄，而且也为企业形象作了宣传，提高了企业的知名度，形成了潜在的经济效益，是种双赢。同时也符合体育产业化的方针，具有非常广阔的发展前景。

我国一部分大型体育场馆已经作出了这方面尝试，如 2003 年，南京市龙江体育馆通过拍卖行正式对外拍卖冠名权，并被广东步步高电器公司以 5 年300 万元的价格拍走，北京东单体育中心的足球和篮球活动场地分别被冠名为"耐克足球公园"和"耐克篮球公园"等。

三、体育建筑附属设施的开发与利用

体育场馆附属空间及设施，是指体育场馆本身除比赛场地和观众看台以外所附属的空间和各种活动用房，主要包括座位席下空间和体育场馆外部附属空间与设施等。

（一）附属空间及设施开发利用的途径

在场馆传统的管理模式中，附属空间通常只作为场馆内部办公和物资安置所使用，虽然体现了一定的使用价值，但却无法为场馆带来更多效益。而在市场化模式下，体育场馆可以将大批附属空间改造为经营场所，并开发出新的服务项目，是场馆的服务体系在宽度和广度上得以延伸，提高场馆的盈利水平。附属空间的开发要结合体育场馆消费者的需求来进行。例如，开发适合消费者参与的健身项目；设置与体育赛事有关的体育商品销售店；为培训、教学和文化演出活动提供活动场所等。

（二）附属空间及设施开发利用的模式

体育场馆附属空间及设施，作为比赛场地与室外环境的缓冲空间，虽然与主场馆相比处于副位，但其在社会化中起到的作用是不可估量的。体育场

馆进行利用与开发，不仅要依靠主体，而且还要依赖这些附属设施的"开源"。体育场馆附属空间及设施开发利用的模式主要有以下几种。

1. 体育娱乐模式

利用体育场馆自然采光和通风不太好的用房，开展小球类、棋牌类等大众体育活动。

2. 酒店模式

体育场馆可以将其附属的楼宇建筑改造为酒店，可以向运动团体、商务团体提供酒店服务。

3. 会展模式

体育场馆如果拥有面积较大的附属空间，可以大力发展会展服务，能够促进会议会展行业在场馆的集聚。

4. 健身俱乐部模式

体育场馆附属的训练空间和体育器械，可以开发成为健身俱乐部，面向普通消费者提供健身产品，这样可以比社会中的普通建设场所更具专业优势。

5. 餐饮商业模式

充分利用比赛用房，在体育场馆外围的附属用房可以开设各种餐厅、体育服装、体育器材等商业服务。

6. 办公模式

吸引喜欢体育氛围和依靠体育氛围的公司来体育场馆办公。

（三）座位席下空间的开发与利用

体育场馆将比赛场地对外开放，开展多种多样的文体娱乐活动能够减少浪费，但得到的利用空间有限，而占体育场馆相当面积的座席区下空间可充分利用。这些座位席下的空间可以作为设备辅助用房和会展中心进行开发利用。

（四）室外空间的开发与利用

体育场馆在设计和建设过程中，通常会配套建设面积广阔的室外空间，这些空间除了需要配套广场、停车场和绿化景观等功能外，还可以进行深入的开发和利用，使其产生更多的功能。场馆的外部空间在经营模式上可以与内部功能区有很大不同，让消费者在不够卖场馆门票的情况下就可以进行体验。在场馆的经营模式中，外部空间可以与城市功能、商业功能紧密衔接起来，成为城市中重要的商圈或公共文化空间。例如，在北京建设以鸟巢和水立方为主体建筑的奥林匹克公园时，就充分注重了对外部空间的开发，其广阔的空间不仅配置了绿化公园，也建设了十分丰富的文化设施和商业设施，成为北京市新兴的城市文化平台。

体育场馆外部空间在开发利用上大体可以分为以下三类：

①围绕主营业务的配套服务，如小卖部、商场（运动实物产品、球迷用品）、宾馆、商务、餐饮、沐浴等。

②利用场地设施的衍生服务，如停车场、家具展销、超市等。

③开发创新其他服务等，如演唱会、音乐会等。

四、体育设施的开发与利用

体育场地器材设施是保证体育比赛、群众性体育活动正常进行的前提和基础。对体育场馆场地器材资源进行开发与利用，在创造经济效益的同时，也带来广泛的社会效益。

（一）发挥体育器材的多种功能

体育场地器材一般都具有多种功能，因此，要着力开发体育场地设施的使用率，使场地和器材具有多种用途。例如，栏架可以用来跨栏，也可以用做休闲娱乐活动中的射门设施，还可以用作钻越的障碍设施等；篮球场可以作为篮球比赛场地，又可套用为排球、网球、羽毛球和拔河场地等。将体育场地器材一物多用，大大提高了体育场地器材的利用率，有效地扩充了体育活动的空间。

（二）改造场地器材，提高场地利用价值

在我国，由于受竞技体育思想的影响，许多体育场地器材都是竞技化的，如体育场地的规格都是严格搬用竞技体育的标准。因此，可以考虑对部分体育场地器材进行改造，将部分竞技化的体育场地器材改造成适合群众进行业余体育活动的场地器材，提高体育场地器材的使用率的同时也能扩大群众体育活动的参与度。

（三）科学管理和使用场地器材设施

在体育场地器材设施无法大规模增加的情况下，对现有场地器材设施进行有效的管理，合理安排和使用，能提高体育场地器材设施的使用率，避免闲置和浪费。科学管理、有效使用体育场地器材设施，主要应做好以下工作：

1. 加强场地器材设施管理

对体育场馆设施进行有效地管理，是实现体育场馆经营目标的重要手段。一是要正确地选择器材设施，避免器材设施被过快地淘汰；二是要避免场地设施的闲置，闲置会严重地影响体育场馆的经济效益；三是体育场馆应该根据开发和综合利用的需要，选择技术先进、经济合理的体育设施，并根据实际需要及时地解决体育设施落伍和闲置现象，以提高体育场馆的经营效益。

2. 保持器材设施良好使用

体育场馆的各类体育用品具有专业性的特点，很多设施正在使用过程中需要采用正确的方法和科学知识才能产生作用。对于消费者来说，如果无法正确使用体育设施，有可能打不到健身娱乐的效果，甚至会造成危险隐患。体育场馆的服务人员应该充分掌握体育器材的使用知识，对消费者进行指导。因此，场馆要实现体育设施的高效率使用，保证体育场馆服务的有效运行。

3. 提高场地器材管理的经济效益

经济效益主要包括成本与产出两个方面。体育场馆在管理过程中，应该用科学的方法对设备器材进行管理，在做好成本管理的同时，保障设备的健康维护。同时，还要在经营过程中不断提高设施和器材的使用率，使其发挥产生更多的效益。

4. 保证设施的技术进步

目前，体育科技的发展十分迅速，体育器材的更新频率也在不断加快。场馆需要在经营管理过程中，及时进行设备和器材的更新，使其能够适应体育市场的发展，并能为消费者提供更高质量的服务。同时，场馆也需要根据体育产业进步的情况，及时购置新的器材与设备，满足消费者在体育生活中的新需要。

5. 加强场地器材设施的开发与利用

体育场地器材设施在高效管理的基础上，必须不断进行开发与利用，尽可能用最少的开支和精力达到最理想的效果。

五、体育服务项目的开发与利用

现代体育在百年间的发展过程中，不仅成为一项重要的竞技活动，也成为广大群众维护身体健康并体验娱乐的文化活动，更发展成为具有庞大产值的新兴产业。尤其在发达国家中，体育产业已经成为现代服务业体系中的重要板块，其内容主要包括体育赛事活动和相关的配套服务业。我国在发展市场经济的过程中，也将体育业划分为服务业中的一部分，随着我国经济的发展，体育产业也呈现出快速发展的趋势。

体育产业的基础是体育服务项目的发展，是体育实现其社会功能和经济功能的基础。体育场馆在市场化开发的过程中，最主要的内容就是要丰富场馆服务的内容，为消费者提供更多的观赏和体验项目。体育服务业通过体育服务项目为广大人民群众服务。体育服务项目主要包括体育竞技表演项目、体育健身娱乐项目、体质测试和健康评估、体育康复服务等。

（一）体育竞技表演项目

体育赛事表演是场馆吸引各类消费者的主要途径。它是依靠职业俱乐部和运动员进行的高水平竞技，为观众带来视听体验的一类体育活动。体育赛事表演也是体育产业中发展最为成熟、规模最为庞大的部分。观众欣赏比赛的方式主要分为购买门票在体育场馆的现场体验和通过电视和网络直播媒体进行观赏两种方式。体育场馆主要是要为观众的现场体验做好服务，做好门票销售和附加服务项目。观众购买门票即付费购物；比赛者进行比赛即是向观众奉献商品；观众观看比赛即享受了服务。

（二）体育健身娱乐项目

体育健身娱乐市场是改革开放的产物。人民群众消费水平的提高，为体育健身娱乐市场的发展创造了良好条件。体育中心各大体育场馆在非赛期应积极对外开放，提高体育场馆利用率和群众参与率，可采取低额收费制（月票制）以满足工薪阶层的需求，同时也可通过创收维持体育场馆的正常运转。高档体育场馆可面向高薪阶层，通过会员制等手段，相对较高地收取费用，不但给参与者提供体育活动条件，更注意营造典雅氛围，让参与者在体育运动中得到休闲和享受。体育健身娱乐服务项目主要包括以下两种：

1. 体育健身娱乐经营实体

经营实体以商品形式向消费者提供不同档次的体育健身娱乐服务，如网球场、高尔夫球场、台球馆、保龄球馆、健身健美、射击等各种俱乐部。

2. 体育健身娱乐技能培训

现在人民群众参加体育健身娱乐的要求日益高涨，体育服务业可顺时而动，开办健身娱乐培训班，既满足了学员不同层次、不同爱好的需求，又获得了较高的经济利益。

（三）体质测试和健康评估

体育产业在面向大众服务过程中，可以将体育科学的发展成果共享给大众，即用先进的设备和运动指标来检查大众的身体健康水平。体育场馆具有专业化的健康检查设备，可以利用这些优势帮助消费者进行健康管理。让体育人口通过这种方式了解自己的身体状况，然后进行针对性锻炼，从而提高国民整体素质。

（四）体育康复服务

体育康复主要是针对出现运动损伤的运动参与者和其他疾病的患者进行的康复工作。在体育科学的发展中，由于运动员经常会发生受伤和疾病等情况，因此需要人们以科学的方法开展康复工作。在体育产业的发展过程中，相关的运动康复项目也可以提供给普通消费者，从而给人们的健康带来帮助。体育康复项目主要包括：对身体受伤的群体进行康复性的运动；对残障患者、手术患者、慢性疾病的患者提供恢复身体机能的支持；通过保健知识的推广，指导人们进行健康的生活；通过心理健康服务，释放人们的精神压力等。

六、学校体育场馆的开发与利用

体育是各级各类学校必须要开展的一项教育教学内容，是促进学生身体发育、保持健康身心和提高思想道德素养的重要手段。学校因为有着体育教学的需求，所以一般会建设不同规模的体育场馆。为了提高学校体育场馆的利用率，体现学校与社会的互动作用，学校的体育场馆除了满足师生的要求外，还可以通过进一步开发，向社会开放并提供服务。

（一）向社会开放的政策法规

在我国传统的场馆管理模式中，体育场馆一般都归所属单位管理，各个单位也不愿意将其向社会开放。这也造成了体育场馆存在大量的空置情况，因此，随着我国体育市场的发展，国家和各地区也通过政策来推动学校体育场馆的开放。

关于学校体育场馆向社会开放方面，发达国家具有十分成熟的经验。在日本，学校的体育事业十分发达，社会也十分重视学校体育设施的建设。学校体育在发展过程中也与社会中的体育机构和居民进行了深入合作，学校的体育场馆可以完全向社会开放，周边的居民在参与体育活动时就可以利用学校的场馆和设施进行。同时，社会也会对学校的体育教学提供反馈，可以为学校提供专业化的体育人才。在美国，学校体育与社会中的职业体育建立了更为紧密的关系，甚至学校体育也已经成为美国发达的体育产业的一部分。美国的高中和大学都可以为职业体育培养运动人才，学校内的体育设施可以为社会中运动队伍的训练提供支持。许多高中和大学也会建立不同项目的职业队伍，参与职业赛事。

我国在公共事业发展中，教育系统和体育系统一直是并行发展的，两个体系都有自己的体育育人和场馆管理体制。因此，长期以来，学校体育与社会体育都缺乏互动，导致了学校所属的体育场馆难以为社会大众而服务。多年以来，为了解决教育与体育的联动问题，提高学校体育场馆的利用效率，国家自 20 世纪 80 年代以来推出了一系列专门政策，旨在让体育场馆提高开放度与利用率，并且致力于让学校体育场馆成为群众体育和培养体育人才的重要实训基地。

进入 21 世纪后，随着我国群众体育事业的进一步推进，广大居民对于体育健身活动的需求快速提高，但体育场馆不足的问题成为制约体育文化活动发展的重要因素。基于这体育种情况，我国在体育事业发展中，陆续提出改善群众体育活动条件的意见，要求各地政府都应该加强场馆建设和原有场馆的开放化。其中以学校和其他单位的体育设施开放为主，加强这些体育设施对居民的服务能力。之后，我国也在制度上对学校体育场馆的开放给予了支持国家教育部门和体育部门共同组建了相关机构，对学校体育与社会体育的融合情况做出了新的部署。为此，政府为学校体育场馆的管理和开放经营提供了资金、政策和税收方面的支持，并建立了一系列试点学校，使学校的体育场馆能够面向大众开展经营和服务工作。

（二）向社会开放的模式

学校体育场馆向社会开放主要采取以下三种开放模式：

1. 有偿与无偿开放相结合模式

学校场馆在对社会居民开放时，应该进行有偿服务和免费服务的结合。具体的方式需要结合场馆、场地的等级和设施条件来进行选择。通常对于学校中封闭式的室内体育馆和维护成本较高的体育器材，应该以收费的方式向居民收取使用费用。而学校中的操场、田径运动场等场地，应该向群众免费开放。

2. 学校与街道社会共管模式

为了加强学校与其所在社区的关系，学校可以与街道共建共管体育设施，加强在体育活动、体育文化传播和全民健身活动中的合作。活动方式主要有：一是学校可以在放学和节假日期间，利用所拥有的体育场馆和设施对社区开放，为居民提供健身活动场所；二是学校可以在体育教学中，在街道的支持下，组织学生进入社会开展体育方面的社会实践，为学生创造参与社会活动的机会；三是街道应在校园体育设施的开放运营中起到指导作用，有序组织居民参与体育健身，并为学校的体育设施管理提供保障。这种模式学校参与积极性大，开放经费有保障，密切了学校与街道社区的关系，有利于学校的改革与发展，也有利于社区的精神文明建设。

3. 市场化运作模式

学校在进行体育场馆的开发时，也可以采用市场化的方式来经营。主要是通过与企业开展合作，让体育服务机构来负责场馆的服务运营。在社会中的消费者使用学校场馆时，可以与体育服务机构直接联系，通过不同的消费来享受相关服务。该方式能够有效减轻学校在经营方面的风险，使学校专注于体育教学工作。

（三）向社会开放的管理方法

学校体育场馆要做到有序向社会开放，取得经济效益和社会效益双赢的局面，需从以下几方面加强管理：

首先，学校应与社会中的相关部门进行密切合作。主要的合作对象是地方的体育管理部门和街道、社区等，在进行体育场馆的开放时，可以得到相关部门的支持，并取得在资金、政策上的帮助。

其次，要确保体育教学和体育场馆开放之间的协调。为了不影响学校的教学秩序，学校在开放体育场馆时应该建立约束制度，使居民能够有序使用场馆。例如，在场馆开放时间上要与学校的教学时间错开；居民对场馆的使用不能影响师生的使用；要让使用者遵守体育场馆的使用规范和学校纪律规范，维护学生的权益。

最后，要建立良好的学校体育场馆安全环境。以往学校不会积极进行场馆开放的重要原因就是容易影响校园环境的安全，为此除了高校以外，中小学生普遍进行的是封闭式校园管理，使体育场馆无法向社会开放。只有建立校园的平安环境，学校才会产生开放场馆的可能。在安全管理方面，管理者一方面要重视学生的人身安全，避免让居民给学生造成人身安全威胁，因此，需要为体育场馆建立严格的准入制度，应在街道、社区的保障下，着重对附近居民开放，避免对无业游民和流动人口开放。另一方面要保障参与者的安全，在规范化的管理下，使群众能够安全地开展体育健身活动。

第四节　案例——广州天河体育中心开发管理的奇迹

广州天河体育中心是中国改革开放后建成的第一座大型综合性体育设施。多年来，在没有政府财政拨款的情况下，它依靠自己的努力积极开展了各种体育活动，不仅自力更生，走上了可持续发展的道路，而且每年向国家上缴大量税收，创造了国家大型综合体育场馆设施运作的奇迹。

广州市天河体育中心是政府投资约 3 亿元人民币建设的，用于举办 1987

年第六届全运会。该体育馆占地面积 58 万平方米，设有 3 个体育馆和游泳池，以及 2 个副馆，1 个辅助场等设施。近年来，随着发展的需要，天河中心先后建设了网球场、篮球城、体育馆、运动场馆和全民健身道等体育设施。体育建筑面积达到 20 万平方米，形成了一个多功能项目，多层多功能结构的运动场馆。

2003 年天河体育中心管理体制改革后，2004 年实现营业总收入 5961 万元，比 2003 年增长 18.64%。本体行业的收入占该中心总收入的 60%。2005 年，中心的营业收入再创新高，总收入近 8000 万元，上缴税金近 600 万元，其中机构收入约占总收入的 70%，实现了以体育为中心的多元化商业形势，并创造了全国奇迹。

天河体育中心正是按照广州体育产业的指导原则创收，优先发展比赛产业和体育表演，并积极举办国内外体育比赛高水平重大赛事。同时还组织并举办了几场大型文化活动和展览，为中心带来了可观的收益，也为社会带来了经济和社会效益的双赢。

天河体育中心在独立运作的同时，积极参与促进本体行业的投资，通过 BOT 等方式提供私人资本，并与私人资本开展合资企业提供体育服务，向公众提供高质量的娱乐。在世界保龄球项目中，天河体育中心使用场馆的设施与投资者合资兴办商业活动。御都健身中心利用 BOT 投资 5000 万元。该中心授予投资者 13 年的特许权，并每年向该中心支付部分租金，特许权期满后，雨都健身中心的物业就属于天河体育中心。在一些培训计划中，该中心还积极介绍了非政府组织为公民提供各种体育服务。

天河体育中心的运营定位。该中心将积极减少场地租金，积极引进本体产业。例如引进体育城，年租金仅 100 万元以上，而小于体育城的南海渔村面积则超过 300 万元。过去，该中心北门田径场上的风雨跑道曾被其他公司租用，年收入为 100 万元；广州乒乓球协会将其出租后，年收入才 60 万多元。中心低收入本体产业的引进，为本体产业的发展创造了良好的发展环境，鼓励和促进了本体产业的发展，开辟了广泛的收入渠道，提高了中心的收入。

中心领导意识到收入方式对中心创收的影响。他们改变了传统的依靠房屋租赁的经营理念，积极发挥自己的技术优势和经验，组织并开展了各种大型活动，并增加了活动项目提供的多种磁盘服务，扩大了经营范围，增加了创收渠道，从根本上提高了中心的收入。

参考文献

［1］李艳丽：《体育场馆管理》，北京体育大学出版社，2019年。

［2］詹新寰：《体育场馆管理：理论研究与管理实践》，中国国际广播出版社，2019年。

［3］陈锡尧、张峰筠、徐成龙：《体育场馆管理实践指导》，复旦大学出版社，2013年。

［4］王莹：《体育场馆运营管理与开发利用研究》，东北师范大学出版社，2019年。

［5］杨芳芳：《体育场馆经营管理及开发研究》，中国经济出版社，2019年。

［6］曹焕男：《大型体育场馆运营管理理论与应用》，中国商业出版社，2019年。

［7］刘青：《体育场馆的经营与管理》，人民体育出版社，2012年。

［8］王德炜：《体育场馆运行管理》，人民体育出版社，2011年。

［9］霍建新：《体育场馆运营管理实务》，北京体育大学出版社，2018年。

［10］谈群林：《体育场馆经营管理实务》，华南理工大学出版社，2011年。

［11］赵钢、雷厉：《体育场馆经营管理概念》，北京体育大学出版社，2007年。

［12］孙习军：《体育场馆的经营与管理实践研究》，延边大学出版社，2017年。

［13］谭建湘：《体育场馆经营与管理导论》，高等教育出版社，2014年。

［14］万来红:《体育场馆资源利用与经营管理》，华中科技大学出版社，
2010 年。

［15］崔开玲、靳厚忠:《体育场馆的规划、经营与管理》，江西高校出版社，
2007 年。

［16］易国庆:《体育场馆的经营与管理》，人民体育出版社，2009 年。

［17］胡德春:《大型体育场馆运营管理改革研究》，长江出版社，2015 年。

［18］张峰筠、陈锡尧、徐成龙:《体育场馆管理实践指导》，复旦大学出版
社，2013 年。

［19］王德伟:《体育场馆运行管理》，人民体育出版社，2011 年。

［20］曾涛:《体育建筑设计手册》，中国建筑工业出版社，2001 年。

［21］辛克海:《体育场馆的科学化运营与管理研究》，中国商业出版社，
2017 年。

［22］王健、陈元欣:《国内体育场馆运营管理典型案例分析》，北京体育大学
出版社，2012 年。

［23］陈元欣:《国外体育场馆运营案例集锦》，华中师范大学出版社，2014 年。